Heureux comme Crésus ?

Groupe Eyrolles
61, bd Saint-Germain
75240 Paris Cedex 05

www.editions-eyrolles.com

Nouvelle édition

Mickaël Mangot

Heureux comme Crésus ?

Leçons inattendues
d'économie du bonheur

EYROLLES

Sommaire

Partie 1

L'argent fait-il le bonheur ?

Partie 2

Consommer pour être heureux ?

Partie 3

Travailler pour être heureux ?

Prologue

Je m'intéresse au bonheur. Rien de très original, me direz-vous. La seconde partie du XXᵉ siècle a consacré la civilisation du bonheur. En quelques décennies, le bonheur est devenu l'objectif de vie premier pour la majorité des gens, et cela dans la plupart des pays[1]. Le bonheur intéresse tout le monde. Le bonheur est aujourd'hui partout : dans les médias, la pub, les livres…

Je m'intéresse au bonheur et je suis économiste. C'est plus étonnant, non ? Les économistes sont davantage connus pour disséquer les fléaux tels que les crises, les krachs, les récessions et le chômage que pour parler de bonheur, de plaisir ou de joie. Si c'était vrai avant, cela l'est moins aujourd'hui. Depuis une quinzaine d'années émerge tout un faisceau de sciences du bonheur où se mêlent la psychologie, les neurosciences et… l'économie.

En fait, des économistes un peu iconoclastes ont commencé dès les années 1970 à étudier les interactions entre les différentes variables économiques et le bonheur des individus. Mais c'est surtout à partir de la fin des années 1990 que les recherches se sont accélérées sur le sujet au sein d'un courant justement nommé « économie du bonheur ». L'économie a suivi le même chemin que la psychologie, laquelle a vu percer, à peu près à la même époque, la psychologie positive et la psychologie hédonique qui étudient les sources des émotions positives et du bien-être plutôt que les pathologies mentales.

Mais que peuvent bien avoir à dire les économistes sur le bonheur ? Le bonheur est *a priori* davantage une affaire d'émotions et de sentiments que de gros sous. Après tout, la sagesse populaire assure que « l'argent ne fait pas le bonheur ». Savoir faire de l'argent n'implique pas que l'on sache être heureux.

Cela dit, l'économie n'est pas la finance. Étymologiquement, l'économie vient d'*oekonomia* qui, en grec, signifie « gestion de la maison ». Plus précisément, l'économie peut se définir comme la science qui étudie la meilleure gestion possible de ressources limitées en vue d'un objectif spécifié. Pour l'entreprise, il s'agit de maximiser ses profits à partir de ses facteurs de production. Et, pour l'individu, d'utiliser au mieux son temps et son argent afin d'optimiser son utilité, un concept proche du bonheur.

Les économistes sont donc bien dans leur rôle quand ils parlent de bonheur. D'autant plus que c'est l'économie qui a rendu possible le bonheur pour le plus grand nombre. Le formidable développement économique accumulé depuis la première révolution industrielle nous place aujourd'hui dans la situation enviable d'avoir le temps et l'argent pour être pleinement heureux. Comme l'a écrit Keynes dans son essai prémonitoire *Possibilités économiques pour nos petits-enfants*, paru en 1930, « ainsi pour la première fois depuis sa création, l'homme va-t-il faire face à son problème réel et permanent : comment utiliser la liberté arrachée aux contraintes économiques, comment occuper son loisir que la science et les intérêts composés auront conquis pour lui, comment vivre de manière sage, agréable et bonne ? ». Plus de quatre-vingts ans plus tard, nous sommes tous les petits-enfants de Keynes.

Pour faire face à ce défi accessible – celui d'être heureux –, nous pouvons aujourd'hui nous faire assister par ces nouvelles sciences du bonheur, et en particulier par l'économie du bonheur. Fidèle à ses origines, l'économie du bonheur se charge d'analyser comment bien utiliser les deux ressources rares à notre disposition, le temps et l'argent, pour augmenter notre niveau de bonheur. Combien faut-il gagner pour être heureux ? Comment dépenser au mieux ses revenus ? Combien doit-on épargner ? Quel travail faut-il choisir ? Comment répartir intelligemment son temps entre travail et loisirs ? Autant de questions qui intéressent l'économiste (déviant) que je suis.

Car nous passons nos journées à prendre des décisions économiques, qu'elles soient conscientes ou bien automatiques (les habitudes…). Certaines sont bonnes pour le bonheur, d'autres clairement néfastes. Ces trente leçons d'économie du bonheur s'appuient sur les travaux de recherche les plus récents pour nous aider à adopter des comportements économiques quotidiens plus positifs, au-delà des idées reçues ou préconçues. Et distillent au fil des pages un message rassurant : nul besoin d'être riche comme le roi Crésus pour être heureux comme lui.

J'ai dit ce que ce livre est. Il me faut aussi dire ce qu'il n'est pas. Ce livre ne traite pas de manière centrale de l'influence de la situation macroéconomique sur le bonheur. Il ne cherche pas à identifier quelles seraient de bonnes politiques publiques pour le bonheur des citoyens. Il ne vise pas non plus à proposer de nouveaux indicateurs économiques autour de la notion de bonheur, à la manière du bonheur national brut initié par le Bhoutan. Il se limite à étudier comment la situation économique d'un individu et ses décisions économiques vont influencer son propre bonheur, et éventuellement celui de ses proches. Il s'agit donc d'un livre de « microéconomie du bonheur ».

Avant d'aborder ces leçons économiques un peu particulières, il me paraît pertinent de planter le décor en identifiant ce qu'est le bonheur et en présentant l'état des connaissances actuelles sur les mécanismes du bonheur. Cet ABC du bonheur est cantonné à la leçon inaugurale, qui précède et introduit toutes les autres. Plus longue que les leçons suivantes, elle ne relève pas à proprement parler de l'économie du bonheur. Si vous êtes pressé, vous pouvez très bien passer à la leçon suivante sans que cela entrave votre lecture. Ce faisant, vous vous éviteriez de lire des choses dont vous aviez une juste intuition. Mais vous risqueriez aussi de manquer des informations plus surprenantes.

Les notes en chiffres arabes renvoient en bas de page.

Les notes en chiffres romains renvoient aux références bibliographiques en fin d'ouvrage

© groupe Eyrolles

Leçon inaugurale
Se mettre à jour sur le bonheur

> « *Le bonheur, c'est la somme de tous les
> malheurs qu'on n'a pas.* »
>
> Marcel Achard

Difficile de définir le bonheur tant le concept est ambigu, polymorphe et finalement très personnel. *A minima,* le bonheur est pour l'individu qui le vit un état mental de bien-être caractérisé par la survenue de phénomènes psychiques positifs. Une fois cette amorce de définition posée, de multiples questions restent ouvertes.

- S'agit-il d'un état mental temporaire ou durable ? Dit autrement, est-on soi-même heureux ou vit-on seulement des moments heureux ?
- Quels phénomènes psychiques y sont associés ? Des émotions, des sentiments, des pensées ?
- Si le bonheur est avant tout émotionnel, à quelles émotions positives le rattache-t-on ? Il existe une multitude d'émotions positives. Toutes les émotions peuvent être différenciées selon deux axes : la valence de l'émotion (positive ou négative) et le degré d'éveil ou d'excitation de l'organisme qui l'accompagne (plus ou moins élevé). On peut ainsi rapprocher le bonheur d'émotions positives calmes ou excitées : d'un côté le bonheur-sérénité, de l'autre le bonheur-exaltation.

Figure 1. Le bonheur dans le cadran des émotions

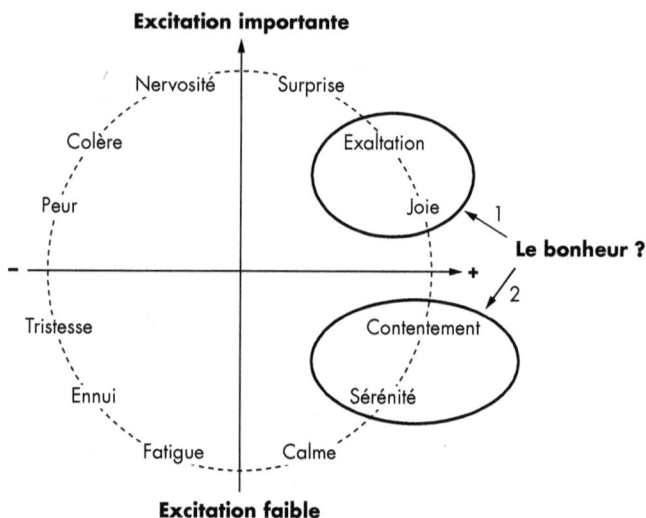

LES PHILOSOPHIES DU BONHEUR

Traditionnellement deux approches philosophiques du bonheur se font face. L'approche hédonique considère que le bonheur relève d'une vie plaisante, caractérisée par la multiplication des plaisirs et l'évitement des douleurs. L'approche eudaimonique considère, elle, que le bonheur relève de l'expérience d'une vie juste, à la fois équilibrée, engagée (dans le service de la cité ou de Dieu) et signifiante. Cette vue, dominante dans les philosophies et spiritualités antiques aussi bien occidentales (chez Aristote, Épicure, les stoïciens, puis au sein de l'Église catholique) qu'orientales (dans le bouddhisme), voit dans ce bonheur-sagesse un bonheur supérieur au bonheur-plaisir car il serait plus conforme à l'essence même de l'homme et, de par sa nature immanente, moins volatil.

La vision eudaimonique du bonheur a progressivement perdu sa prééminence à partir de la Renaissance. Au XVIe siècle, Ronsard et les poètes humanistes ont remis au goût du jour les plaisirs immédiats du *Carpe diem*. La Réforme protestante s'est élevée contre la doctrine de l'Église catholique selon laquelle les hommes pouvaient obtenir le salut divin par l'exercice d'une vie vertueuse. Au XVIIe siècle, Hobbes a installé l'idée d'un homme mû par ses seuls intérêts personnels et affirmé la nécessité d'institutions pour les contrôler. Au XVIIIe, les Lumières ont défendu le droit au bonheur individuel face à l'arbitraire des dictatures et des religions. Enfin, à la fin du même siècle, Bentham a théorisé le concept d'utilité, définie comme la somme des plaisirs et des douleurs de l'individu, concept qui s'est installé au cœur de la théorie économique moderne. Depuis lors, les individus sont censés, selon les économistes, maximiser leur utilité à chaque décision. *Homo economicus* est ainsi profondément individualiste et hédoniste.

LES TROIS DIMENSIONS DU BONHEUR

Les nouveaux courants de la psychologie du début du XXIe siècle épousent ces variations. La psychologie hédonique s'intéresse au plaisir et à la satisfaction quand la psychologie positive étudie l'épanouissement des individus vis-à-vis de leurs besoins psychologiques fondamentaux.

Prenant acte des différents courants de recherche, Daniel Nettle, psychologue à l'université de Newcastle, voit dans le bonheur un terme polyvalent pour lequel on peut finalement distinguer trois niveaux. Le bonheur de « niveau 1 » traduit l'expérience de plaisirs momentanés. Le bonheur de « niveau 2 » consiste en des jugements sur ses sentiments. Le bonheur de « niveau 3 » représente le bien-être profond que ressent l'individu qui exprime tout son potentiel.

Les sciences du bonheur reprennent aujourd'hui ce trio en différenciant trois dimensions du bonheur, auxquelles correspondent des indicateurs adaptés :

- la dimension émotionnelle, représentée par le « bien-être émotionnel » ;
- la dimension cognitive, reflétée par la « satisfaction de la vie » ;
- la dimension psychologique, traduite par le « bien-être psychologique » (sensations d'autonomie, de contrôle, de connexion aux autres, de sens à sa vie…).

Ces trois dimensions ont des temporalités différentes. Le bien-être émotionnel s'inscrit dans le court terme, la satisfaction de la vie dans le moyen terme et le bien-être psychologique davantage dans le long terme.

Nous retrouverons constamment ces trois dimensions au fil du livre. La méthode typique en économie du bonheur est en effet de croiser des données sur des comportements ou des situations économiques avec des évaluations subjectives d'une (et plus rarement plusieurs) de ces trois dimensions du bonheur[1].

---

1. Parmi les trois dimensions du bonheur, la satisfaction de la vie est la plus souvent étudiée par les chercheurs en économie du bonheur. La discipline gagnerait sans doute à étudier de manière plus équilibrée les différentes dimensions.

Figure 2. Les trois dimensions du bonheur

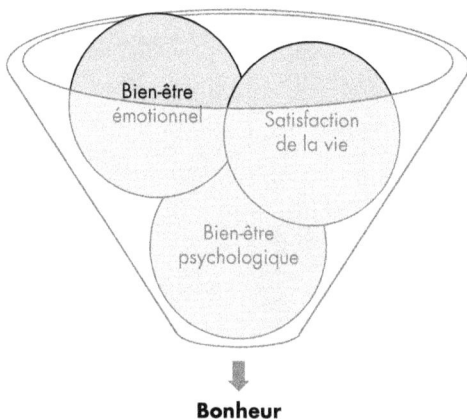

Si l'on souhaite rattacher ces trois dimensions aux écoles philosophiques évoquées précédemment, on peut dire que le bien-être émotionnel s'inscrit pleinement dans la tradition hédonique alors que le bien-être psychologique est, lui, clairement eudaimonique. Quant à la satisfaction de la vie, elle peut être associée à chacune des deux écoles philosophiques.

Cependant, chaque individu a sa propre représentation du bonheur, laquelle peut être une des trois dimensions ou un mélange de plusieurs d'entre elles. D'ailleurs, au sein même de la psychologie, le concept de bonheur manque encore d'une définition unique et consensuelle. Pour la psychologie hédonique, le bonheur se confond avec le « bien-être subjectif » et englobe le bien-être émotionnel et la satisfaction de la vie. Plus radicale, la psychologie hédonique considère que le bonheur, qu'elle assimile à l'« épanouissement » *(flourishing)*, ne peut se limiter au seul bien-être subjectif et passe nécessairement par le fonctionnement optimal de l'individu. En cela il nécessite aussi un haut niveau de bien-être psychologique. Celui-ci est atteint lorsque l'individu ressent une plénitude intérieure, avec une sensation d'autonomie dans ses décisions, de contrôle sur son environnement, d'acceptation de soi, de progrès personnel, de connexion avec les autres, de sens à la vie…

LE BONHEUR OU L'UTILITÉ ?

Même pris dans toute sa complexité, le bonheur n'est sans doute pas l'alpha et l'oméga de l'ensemble de nos choix. D'ailleurs, les économistes ne postulent pas que les choix individuels visent le bonheur. Ils lui préfèrent le concept plus général d'utilité. L'utilité se définit par défaut. C'est ce que maximisent les individus lorsqu'ils prennent leurs décisions, sans que l'économiste puisse *a priori* dire de quoi il s'agit. En économie, l'utilité est révélée par les choix.

L'utilité est par définition l'objectif qui inclut tous les objectifs, y compris le bonheur. Bien que le bonheur apparaisse comme l'objectif n° 1 de la plupart des gens, il n'est pas nécessairement le seul objectif poursuivi. On peut très bien arbitrer au détriment de son bonheur afin de défendre d'autres objectifs personnels (l'honneur, la gloire, la famille…) ou supérieurs (la patrie, la liberté, la religion…).

D'ailleurs, à les observer, rien n'indique que tous nos choix visent uniquement le bonheur. Des chercheurs qui ont disséqué les motivations des choix économiques des Américains ont obtenu que la recherche du bonheur était bien l'objectif contribuant le plus à expliquer leurs choix. Il est suivi par la recherche de statut social, puis la quête de sens, la sensation de contrôle sur sa vie et enfin le bien-être des proches[1]. Sur ce point, il peut y avoir des variations culturelles significatives. Les études interculturelles observent que le bonheur individuel est davantage valorisé par les Occidentaux, qui en conséquence le recherchent plus activement, par rapport aux Asiatiques notamment[II].

Néanmoins, même dans les pays occidentaux, on ne veut sans doute pas être heureux à tout prix. Qui accepterait de prendre le soma, la substance chimique qui offre bonheur et stabilité sociale dans *Le Meilleur des mondes* d'Aldous Huxley ? À la félicité chimique, la majorité d'entre nous préfèrent généralement une vie certes moins agréable mais plus libre, dans laquelle sont possibles l'engagement, les accomplissements mais aussi les échecs.

LES VERTUS DU BONHEUR

Laissons maintenant de côté l'utilité pour nous concentrer sur le bonheur, le sujet de ce livre. Le bonheur est un objectif vertueux. Lorsqu'il est atteint, le bonheur, en plus d'être agréable en soi, apporte avec lui un cortège d'effets positifs pour l'individu.

Au fil des recherches, les scientifiques ont pu observer la multitude de ses bienfaits. Au-delà des simples corrélations[1],

---

1. La corrélation est un indicateur mathématique de la tendance qu'ont deux variables à évoluer parallèlement. Le coefficient de corrélation prend une valeur comprise entre -1 et $+1$. Plus il est éloigné de zéro, plus les deux variables sont reliées fortement l'une à l'autre par une relation linéaire. Si le coefficient est positif, alors quand une variable est élevée, l'autre a tendance à prendre aussi une valeur élevée. Par exemple, la longueur des bras est fortement et positivement corrélée à la longueur des jambes. Mais la corrélation ne dit rien de la relation causale entre les variables. Un coefficient de corrélation élevé ne permet pas à lui seul de savoir si une variable (les bras) influence l'autre (les jambes), si les deux s'influencent mutuellement ou si une troisième variable (le patrimoine génétique) influence les deux variables simultanément. Il faut alors utiliser d'autres tests pour déduire le sens de la causalité.

il existe de nombreuses relations causales qui vont du sentiment de bonheur vers différents types de récompenses. Ainsi, on sait aujourd'hui que le bonheur favorise[III] :

- le succès professionnel : les salariés heureux sont plus productifs, mieux évalués par leurs supérieurs, ils gagnent davantage (y compris plusieurs années plus tard) et retrouvent plus facilement un emploi lorsqu'ils connaissent un épisode de chômage ;
- le succès sentimental : les gens heureux ont plus de chances de se marier et, une fois mariés, moins de risques de divorcer ;
- les performances sexuelles : les gens heureux ont plus de rapports sexuels et sont plus fertiles ;
- de meilleures relations sociales : les gens heureux sont plus appréciés par leurs connaissances ;
- une santé physique supérieure : les personnes heureuses affichent une meilleure réponse immunitaire aux infections, une moindre réponse inflammatoire et une fréquence plus faible de maladies cardio-vasculaires ;
- une santé mentale également supérieure : les gens heureux ont moins de risques de connaître une dépression ;
- une plus grande résilience : les gens heureux se remettent plus vite des accidents de la vie ;
- des niveaux de stress et d'anxiété plus faibles ;
- une mortalité plus faible aux différents âges ;
- une espérance de vie plus longue.

Ces bienfaits s'expliquent en partie par les comportements positifs qu'engendre le bonheur. Les personnes heureuses font plus d'exercice, se nourrissent mieux (mangent par exemple davantage de fruits et légumes), sont plus promptes à nouer des relations sociales, à collaborer, à accepter des désagréments immédiats pour des récompenses futures plus importantes, à se montrer curieuses, créatives et optimistes, etc. Ainsi le bonheur permet-il un meilleur fonctionnement de l'individu dans ses activités et son environnement, lequel finit généralement par être couronné de succès.

TROP DE BONHEUR PEUT NUIRE

Avec un bémol de taille, toutefois. Les effets du bonheur ne sont pas linéaires : ce ne sont pas les personnes les plus heureuses qui profitent systématiquement des effets les plus positifs. Les chercheurs ont pu observer que dans certaines situations, les gens affichant le niveau maximal de bonheur déclaré (10/10) semblent en subir des conséquences négatives. Ils font par exemple des études moins brillantes que les gens modérément heureux, gagnent moins[IV], peinent davantage à retrouver un emploi[V] et affichent une mortalité supérieure[VI].

Une explication est qu'un niveau chronique de bonheur extrême, souvent signe d'une pathologie mentale, entraîne une surestimation de ses compétences, une sous-estimation des dangers et une moindre inhibition face à la prise de risque, lesquelles peuvent empêcher de bien adapter son comportement aux caractéristiques de son environnement.

Le bonheur total et sans interruption, nocif, n'est pas à rechercher. Pas plus que les émotions négatives ne sont à éviter systématiquement. Au contraire, s'efforcer d'accepter ses émotions négatives tendrait à diminuer l'importance qu'elles prennent et, paradoxalement, à affecter positivement le bonheur[VII].

LE BONHEUR DANS LE MONDE

L'excès de bonheur n'est toutefois pas le problème majeur auquel le monde est confronté. Les personnes donnant la note maximale à leur vie sont loin d'être majoritaires, même dans les pays les plus heureux.

Les données du Gallup World Poll, compilées chaque année dans le *World Happiness Report*, fournissent des renseignements précieux sur la distribution du bonheur dans le monde. Ainsi, dans son édition 2016, le rapport montre qu'en matière d'évaluation de la vie (sur une échelle de 0 à 10) :

- la note moyenne dans le monde est de 5,35 ;
- la distribution à l'échelle mondiale est centrée sur la note médiane (5/10). Cette note est la note la plus souvent donnée dans le monde, ce qui ne s'observe pas dans les pays occidentaux où les notes de 7 et 8 sont les plus fréquemment citées ;
- les pays les mieux classés affichent une note moyenne entre 7 et 8 : ce sont exclusivement des pays européens (notamment d'Europe du Nord) et anglo-saxons (États-Unis, Canada, Australie et Nouvelle-Zélande) ;
- les pays les moins bien classés obtiennent des notes moyennes en dessous de 4 : ce sont des pays africains ou des pays en guerre (Syrie, Afghanistan) ;
- peu de gens se donnent la note maximale (10/10) : à peine 4 % de la population mondiale (mais 11 % dans les pays anglo-saxons et d'Amérique latine) ;
- encore moins de gens se donnent la note minimale (0/10) : ils sont environ 2 % dans le monde.

Ainsi le bonheur n'est-il pas distribué équitablement entre les individus de par le monde. Et les inégalités entre pays ou entre zones géographiques sont plutôt stables dans le temps. Année après année, ce sont les mêmes pays qui s'accaparent les premières places des classements internationaux du bonheur. Et les mêmes qui restent cantonnés aux dernières.

La France, elle, est dans le haut du tableau, en compagnie des autres pays riches. Après avoir été 23e en 2012, la France occupe la 32e place dans le dernier classement mondial du *World Happiness Report 2016*, avec une note moyenne de 6,48. Elle est dans une situation intermédiaire en Europe, derrière les pays du Nord (à plus d'un point du Danemark, pays « le plus heureux » au monde) mais devant les pays méditerranéens et d'Europe de l'Est.

Figure 3. La satisfaction de la vie dans le monde –
Fréquence des réponses

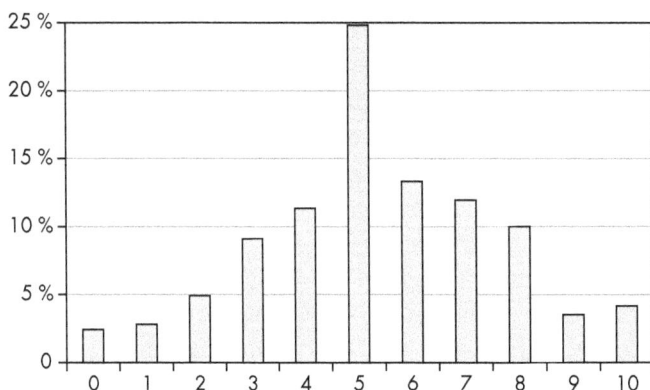

Méthodologie : notes données sur l'échelle de Cantril (graduée de 0 à 10) à la question sur l'évaluation de la vie entre 2012 et 2015.
Source : *World Happiness Report 2016*.

Pour ce qui est de l'épanouissement, la forme ultime du bonheur, la proportion de personnes considérées comme pleinement épanouies est relativement faible. Il y aurait

aux États-Unis environ 20 % de personnes épanouies[VIII].
En Europe, les chiffres varient énormément selon les pays,
de 6 % seulement en Russie à plus de 30 % au Danemark.
Avec moins de 10 % de personnes épanouies, la France fait
partie du groupe des pays européens les moins bien lotis
en compagnie des pays d'Europe de l'Est et du Portugal[IX].

LA RELATIVE STABILITÉ DU BONHEUR

Les auto-évaluations du bonheur prennent ainsi un large
éventail de valeurs quand on regarde des populations
entières. Mais cette variabilité ne veut pas dire pour autant
que les évaluations que donne une même personne de
son bonheur évoluent fortement dans le temps, au gré
des événements.

D'abord, les évaluations données par un même individu
affichent une corrélation assez élevée, comprise entre 0,4
et 0,6[X], même après plusieurs années d'intervalle. Et le
bonheur ne semble pas être durablement affecté par les
événements de la vie, fussent-ils extrêmes, comme l'a
montré une fameuse étude publiée en 1978. Cette étude,
réalisée par Philip Brickman, Dan Coates (tous deux de
l'université Northwestern) et Ronnie Janoff-Bulman
(université du Massachusetts), s'intéressait aux niveaux de
bonheur de trois groupes d'individus : des personnes qui
avaient gagné à la loterie (entre 50 000 et plus de 1 mil-
lion de dollars) quelques mois auparavant, des personnes
paralysées à la suite d'un accident et enfin un groupe de
contrôle composé d'individus n'ayant connu aucun de
ces événements extrêmes. Les chercheurs ont retiré de
leurs données deux faits marquants :

- les gagnants à la loterie, quelques mois après leur gain,
  n'étaient pas significativement plus heureux que le
  groupe de contrôle ;

- les accidentés étaient, eux, significativement moins heureux, même s'ils affichaient, de manière tout aussi étonnante, un niveau de bonheur supérieur à la note moyenne.

Ainsi était montrée de manière criante la formidable propension des humains à s'adapter aux événements de leur vie à moyen ou à long terme, y compris les événements extrêmes.

Ces différents résultats ont fait croire dans les années 1980-1990 que le bonheur était un phénomène psychique homéostatique, c'est-à-dire appelé à constamment revenir à son niveau de base (le *setpoint*), comme peuvent l'être sur le plan physiologique l'acidité ou la température du corps.

Mais l'histoire était incomplète. Quoique significative, la stabilité des évaluations de bonheur reste inférieure à celle des réponses aux tests de personnalité par exemple. Et si l'humain a une très forte capacité d'adaptation, il ne s'adapte néanmoins pas à tout, si bien qu'il existe des événements de la vie pour lesquels l'adaptation est incomplète, même après plusieurs années. Il s'agit surtout d'événements négatifs (le chômage, le veuvage, le handicap, les maladies chroniques), même si quelques rares événements positifs semblent aussi procurer un effet auquel on ne s'adapte pas parfaitement (les amis, le mariage et… l'activité sexuelle répétée).

Au final, le bonheur est une disposition psychologique qui est sans doute à mi-chemin entre un état (très instable) et un trait de personnalité (très stable), si bien que les chercheurs ont depuis les années 1990 quelque peu pris leurs distances avec la notion d'un *setpoint* fixé dès la naissance.

LE CODE GÉNÉTIQUE DU BONHEUR

Aujourd'hui, les chercheurs en sciences du bonheur ne nient pas pour autant toute influence génétique sur le bonheur, loin s'en faut. Certaines personnes semblent être douées pour le bonheur quand d'autres ont plus de difficultés. Et le bonheur, comme les autres caractéristiques individuelles stables, est sans doute déterminé, au moins en partie, génétiquement.

Les études sur les jumeaux fournissent un matériau incomparable pour tester cette idée. Elles permettent en effet de distinguer et quantifier ce qui relève du patrimoine génétique ou des expériences de vie dans les comportements et les attitudes individuels. En comparant la similarité des réponses de vrais jumeaux (au patrimoine génétique exactement identique) à celle des réponses de faux jumeaux (distincts génétiquement), on peut estimer à quel point l'aptitude au bonheur est d'origine génétique.

Ainsi, à partir des réponses de différents types de paires de jumeaux (vrais ou faux jumeaux, élevés ensemble ou séparément), les études sur la question[xi] estiment qu'autour de 50 % des variations de bonheur (bien-être émotionnel ou satisfaction de la vie) entre les individus sont dues aux différences génétiques. C'est vingt fois plus que n'importe quel déterminant socio-économique (le revenu, le niveau d'éducation, la catégorie socioprofessionnelle…) pris isolément.

Plus encore, les facteurs génétiques expliquent à 80 % la composante stable du bonheur dans le temps (autrement dit le *setpoint*), laissant une portion minimale pour les autres facteurs structurels, par exemple l'éducation ou l'environnement familial. C'est ce que montre la forte corrélation dans le temps des réponses données par les vrais jumeaux, à peine moins importante que la corrélation dans le temps des réponses données par un même individu.

INTERVENIR SUR SON BONHEUR

La génétique est donc cruciale pour le bonheur. Mais pas de place ici pour le découragement. Si 50 % des différences de bonheur entre individus sont dus à des facteurs génétiques immuables, cela laisse tout de même une proportion tout aussi importante qui relève de facteurs sur lesquels l'individu a une prise. Il n'est pas aussi vain de vouloir être heureux que de vouloir être plus grand. C'est plutôt une bonne nouvelle, non ?

D'ailleurs, de multiples interventions psychologiques existent pour doper son bonheur à court, moyen et long terme. Ces dernières années, la psychologie positive a imaginé et évalué différentes interventions positives susceptibles d'aider les individus à être plus heureux (voir encadré).

En savoir plus : les interventions positives

Vous trouverez ci-dessous une liste des interventions pour lesquelles les chercheurs en psychologie positive ont montré un effet positif significatif sur le bonheur de ceux qui les pratiquent[XII].

▶ **Cultiver ses forces** : il s'agit d'identifier ses forces *via* un questionnaire puis de s'astreindre à les utiliser plus souvent, voire d'essayer de les développer. Les interventions sur les forces sont en général mieux acceptées que les interventions sur les faiblesses[XIII].

▶ **Donner du sens** : il s'agit de trouver direction et signification pour sa vie en écrivant un récit cohérent sur sa vie passée, ou sur sa vie future telle qu'on aimerait la vivre, ou enfin sur la personne qu'on aimerait devenir. Il n'est pas nécessaire d'écrire pour que cela soit efficace : penser régulièrement à ses valeurs et à ses objectifs a également des effets positifs sur le bonheur.

▶ **Savourer :** cela consiste à vivre pleinement ses expériences en évitant toute préoccupation ou distraction et à focaliser sur leurs aspects positifs. Une pratique régulière améliore la balance émotionnelle, la satisfaction de la vie et l'optimisme.

▶ **Exprimer de la gratitude :** différents types d'exercices de gratitude ont été proposés. Tous nécessitent au préalable de se remémorer les choses positives que l'on a vécues. Il s'agit ensuite de les répertorier ; de les compter ; de partager les émotions ressenties avec d'autres personnes ; de remercier mentalement celles qui en sont responsables ; ou encore d'écrire des lettres de gratitude à ces personnes et de les leur apporter en mains propres.

▶ **Témoigner de la gentillesse :** les personnes incitées à effectuer des actes délibérés de gentillesse voient leurs différents indicateurs de bonheur augmenter quand cela se traduit par davantage d'actes bienveillants. De même, le simple effort d'accorder une attention particulière aux actes de bonté que l'on a réalisés offre des bénéfices hédoniques intéressants.

Nul besoin de s'astreindre à ne pratiquer qu'une seule intervention à la fois. Les recherches initiant des personnes à ces différentes techniques ont pu constater que celles qui en utilisaient le plus grand nombre étaient aussi celles qui affichaient les améliorations de bonheur les plus significatives, et cela malgré un effort à peu près identique[xiv].

On sait aussi aujourd'hui que certaines activités, lorsqu'elles sont répétées, ont le potentiel de changer profondément l'aptitude au bonheur d'une personne. Parmi ces activités bénéfiques figure la méditation, dont les effets durables sur le bonheur ont été attestés à de nombreuses reprises et associés à des modifications structurelles et fonctionnelles du cerveau des méditants (voir encadré). L'exemple de la méditation montre que la capacité du cerveau à se réorganiser en fonction des tâches réalisées régulièrement (capacité que l'on appelle neuroplasticité) rend possibles des changements pérennes du niveau de bonheur.

En savoir plus : l'homme le plus heureux du monde

Les premiers travaux sur les effets positifs de la méditation ont été menés au début des années 2000 par une équipe de chercheurs de l'université du Wisconsin sur la personne de Matthieu Ricard, moine bouddhiste français proche du dalaï-lama. À partir de 128 électrodes posées à différents endroits de sa boîte crânienne, les chercheurs ont étudié l'activité cérébrale de Matthieu Ricard en pleine pratique de méditation à la compassion. Ils ont obtenu un niveau incomparablement plus élevé d'ondes gamma (associées aux émotions positives) chez Matthieu Ricard que ce qu'ils avaient pu observer jusque-là. Ce qui a valu à Matthieu Ricard d'être surnommé « l'homme le plus heureux du monde » par la presse internationale une fois les résultats dévoilés.

Les chercheurs ont tenu à répliquer l'exercice avec un groupe plus large de huit moines bouddhistes[xv] pratiquants assidus de la méditation (avec jusqu'à 50 000 heures de pratique derrière eux !) afin de pouvoir vérifier et approfondir leurs résultats. Les moines ont, comme Matthieu Ricard, affiché durant leurs séances de méditation un niveau d'ondes gamma plusieurs dizaines de fois plus élevé que celui observé chez les membres d'un groupe de contrôle invité à procéder au même exercice. De plus les moines ont affiché une activité cérébrale dans des zones nettement plus larges que celles utilisées par les autres sujets, notamment à l'intérieur du cortex préfrontal gauche. Par la répétition de la méditation, les moines avaient modifié l'organisation de leur cerveau, certaines zones changeant de fonction au profit de la compassion.

D'autres travaux[xvi] ont par ailleurs montré qu'il n'était pas nécessaire d'avoir accumulé des milliers d'heures de méditation pour en ressentir les effets. Des entraînements pendant plusieurs semaines à différents types de méditation (pleine conscience ou compassion) ont été suffisants pour améliorer le bien-être mental, augmenter la fréquence des émotions positives et accroître la stabilité émotionnelle chez les participants.

Au final, le bonheur de chaque personne va évoluer dans une zone de part et d'autre d'un niveau de base, en fonction des événements et des activités exercées. L'amplitude des variations comme le niveau de base sont susceptibles d'évoluer, si bien qu'il existe une marge de manœuvre importante pour celui qui souhaite augmenter son bonheur, au-delà des inégalités génétiques. Il est tout à fait possible, par des interventions spécifiques et répétées, de monter durablement son *setpoint* et de lisser les variations du bonheur ressenti au fil du temps. Mais comment faire ? Comment bien utiliser son temps et son argent pour être (plus) heureux ?

Figure 4. Les effets possibles des interventions sur le bonheur

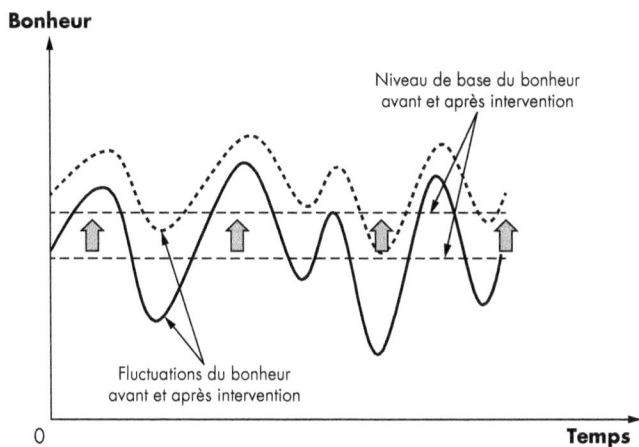

Lecture : par des interventions répétées, il est possible d'augmenter le niveau de base de son bonheur et de réduire l'amplitude de ses variations.

PARTIE 1

L'ARGENT FAIT-IL
LE BONHEUR ?

Se réjouir de vivre dans un pays riche

« La richesse est un voile qui couvre bien des plaies. »
Ménandre

L'argent permettant d'acheter beaucoup de choses gratifiantes, essentielles ou accessoires, il paraîtrait logique que les habitants des pays riches soient plus heureux que les habitants des pays pauvres. Et effectivement, depuis les années 1990, de nombreuses études internationales[1] ont obtenu une relation très clairement positive entre le revenu moyen dans un pays et le bonheur moyen dans ce pays. Plus les pays ont un PIB par habitant élevé, plus leurs habitants se déclarent en moyenne heureux et satisfaits de leur vie.

À partir des résultats de l'enquête Gallup World Poll publiés dans le *World Happiness Report,* la figure 5 présente le PIB par habitant de groupes de pays en fonction de leur position dans le classement international du niveau de bonheur. Plus les pays sont situés haut dans ce classement (qui inclut 156 pays), plus leur PIB par habitant (médian) est élevé. Les 10 % des pays les plus heureux sont un club de pays riches, dont le PIB par habitant médian est 50 000 dollars.

Figure 5. Le PIB par habitant des pays selon leur niveau de bonheur moyen

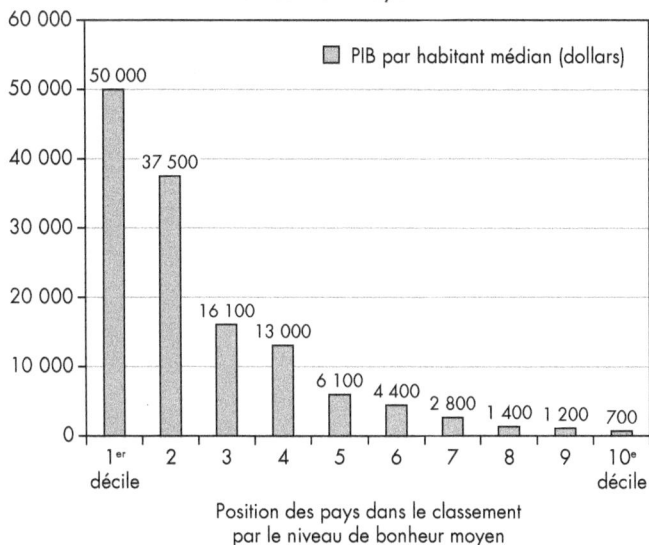

Position des pays dans le classement
par le niveau de bonheur moyen

Données : Gallup World Poll, mai 2011. Évaluation de la vie sur l'échelle de Cantril.
Sources : World Happiness Report 2012, M. Mangot.

DES PAYS RICHES MOINS SENSIBLES À L'ARGENT

Ainsi la relation entre la richesse d'un pays et le bonheur de ses habitants (en tout cas leur satisfaction de la vie) est-elle très nette. Les pays heureux tendent à être des pays riches et les pays riches tendent à être des pays heureux[1].

---

1. C'est en tout cas ce qui est observé lorsqu'on demande aux sondés de procéder à une évaluation générale de leur vie. Lorsque ce qui est mesuré est le type d'émotions (positives, négatives, ou la différence des deux) vécues un jour donné, là le résultat dépend beaucoup moins du niveau de revenus moyen des pays. En haut des classements internationaux, on ne retrouve plus uniquement des pays riches mais également beaucoup de pays au niveau de revenus intermédiaire, notamment d'Amérique latine, particulièrement bien classés pour la fréquence des émotions positives (Costa Rica, Panama, Salvador…).

La relation positive observée n'est toutefois pas linéaire. Plusieurs travaux ont montré qu'elle répondait à la loi économique des rendements marginalement décroissants : un dollar supplémentaire de richesse accroît davantage le bonheur des habitants des pays pauvres que celui des habitants des pays plus riches. À l'échelle des pays, la relation entre revenus et bonheur est donc concave[II]. En revanche, augmenter le revenu moyen d'un même pourcentage semble avoir le même effet sur le bonheur dans les pays riches que dans les pays pauvres[III].

LA SÉQUENCE DES BESOINS

Un détour par la « hiérarchie des besoins » permet de donner du sens à la relation particulière entre revenus des pays et satisfaction de la vie. Dans les années 1940-1950, le psychologue américain Abraham Maslow ébaucha une théorie selon laquelle les besoins humains pouvaient être représentés sous la forme d'une pyramide comprenant cinq étages, soit de la base au sommet :
• les besoins physiologiques ;
• le besoin de sécurité ;
• le besoin d'appartenance et d'amour ;
• le besoin d'estime ;
• le besoin de réalisation de soi.

Selon la théorie de Maslow, c'est seulement lorsque les besoins d'un échelon sont satisfaits que l'individu cherche à satisfaire les besoins de l'échelon supérieur. Lorsqu'un besoin inférieur n'est plus satisfait, l'individu se reconcentre sur ce besoin.

Figure 6. La hiérarchie des besoins selon Maslow

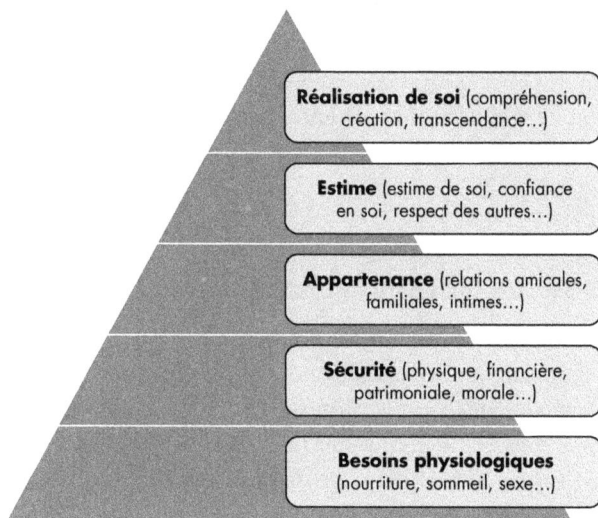

Plus tard, entre les années 1970 et 1990 (après la mort de Maslow), trois étages furent rajoutés au sommet de la pyramide :
• les besoins de compréhension et de connaissance ;
• les besoins esthétiques ;
• le besoin, ultime, de transcendance.

Dans sa dernière version, la pyramide comporte donc huit étages. Les quatre étages inférieurs représentent les besoins liés à des déficiences, tandis que les quatre étages supérieurs traduisent les besoins dits de réalisation.

Les tests de la hiérarchie des besoins posée par Maslow ont obtenu des résultats ambivalents. D'un côté, on observe effectivement que la satisfaction des besoins intervient généralement selon la séquence imaginée par Maslow, avec notamment la satisfaction des besoins physiologiques et de sécurité qui a lieu avant la satisfaction des autres besoins. D'un autre côté, la séquence ne vaut pas pour tous les individus sans exception. Par exemple, certains cherchent à répondre à leurs besoins supérieurs même lorsque les besoins plus basiques ne sont pas satisfaits (l'artiste fauché…).

DES BESOINS QUI CHANGENT AVEC LE NIVEAU DE RICHESSE

Néanmoins, la séquence entrevue par Maslow fournit une approximation suffisamment juste pour décrire les différences de comportements entre les individus riches et pauvres. Dans une étude internationale[IV] s'intéressant à la relation entre revenu, satisfaction des différents besoins et bonheur, Louis Tay et Ed Diener, chercheurs à l'université de l'Illinois, ont obtenu que les revenus servaient bien à satisfaire les besoins dans l'ordre avancé par Maslow et qu'une fois cette satisfaction des besoins prise en compte, le revenu avait un impact nul sur le bonheur. Le revenu apparaît ainsi uniquement comme un instrument au service de la satisfaction des besoins humains fondamentaux. Le revenu n'apporte aucune satisfaction en soi. Et si l'on trouve d'autres moyens que le revenu pour satisfaire ses besoins, on peut tout à fait atteindre un haut niveau de bonheur.

Par ailleurs, il ressort de l'étude de Tay et Diener que les besoins basiques sont les besoins qui influencent le plus l'évaluation de la vie. La relation concave entre les revenus des pays et le bonheur de leurs habitants peut dès lors se comprendre si l'on considère que l'argent permet de répondre directement aux besoins les plus immédiats des populations des pays pauvres (les besoins liés aux déficiences), alors que l'argent ne peut satisfaire aussi facilement les besoins des habitants des pays riches (les besoins de réalisation[v]). L'argent est un instrument beaucoup plus efficace pour manger, se loger et se chauffer que pour se réaliser.

En pratique, ce que vous pourriez faire...

▶ Vous rappeler régulièrement que vous mangez à votre faim, buvez à votre soif, êtes en bonne santé et avez un endroit où dormir confortablement. Et vous en réjouir !

▶ Penser de temps en temps à tout ce que vous avez et que vous n'auriez pas si vous viviez dans un pays beaucoup moins riche (le système de santé, le système de retraite, l'assurance chômage, la sécurité...).

Envier les riches modérément

« Les riches qui pensent que les pauvres sont heureux ne sont pas plus bêtes que les pauvres qui pensent que les riches le sont. »
Mark Twain

Au niveau des pays, il ne fait pas de doute que les revenus génèrent du bonheur. Mais, à l'intérieur d'un même pays, la relation positive tient-elle toujours ? Les explications qui valent au niveau collectif (la capacité à utiliser les revenus pour satisfaire les besoins fondamentaux des individus) semblent tout aussi valables au niveau individuel. Néanmoins, le fait de s'intéresser aux situations individuelles à l'intérieur d'une même société ne vient-il pas modifier les résultats ? La proximité des uns et des autres pourrait par exemple alimenter des effets de contagion susceptibles de limiter l'impact du revenu individuel sur le bonheur individuel. Le seul fait de côtoyer d'heureux riches pourrait rendre plus heureux. Ou inversement, cela pourrait diminuer le bonheur par un jeu de comparaison. Qu'en est-il ?

GRANDEUR ET MISÈRE DU ROI CRÉSUS

Le célèbre Crésus est le dernier roi de Lydie (une région à l'ouest de l'actuelle Turquie) à avoir régné durant le

VIᵉ siècle avant Jésus-Christ. Rendu immensément riche par les sables aurifères de la rivière Pactole et par la maîtrise des routes commerciales menant à la mer Égée, il bâtit sa légende par des offrandes généreuses aux temples grecs. Il fit en particulier reconstruire le temple d'Artémis à Éphèse, l'une des sept merveilles du monde antique. Il fit porter au sanctuaire de Delphes une quantité colossale d'offrandes. Il aurait ainsi offert, selon Hérodote, trois mille têtes de bétail, des lits recouverts de lames d'or, des coupes d'or, des vêtements teints de pourpre, cent briques en or pur, deux grands bassins en argent et en or pour mélanger l'eau et le vin, quarante barils d'argent, une statue de sa boulangère également en or, les bijoux de son épouse et enfin un lion tout en or, lequel fit longtemps l'admiration des visiteurs de Delphes.

Lorsque le législateur athénien Solon vint lui rendre visite, Crésus lui montra avec orgueil ses trésors, ses palais, croyant éblouir le philosophe. Crésus vantant son incroyable bonheur, Solon se contenta de lui répondre : « N'appelons personne heureux avant sa mort. »

La phrase fut prémonitoire : Crésus ne jouit pas longtemps de son bonheur. Il perdit ensuite, selon la légende, un de ses deux fils dans un accident de chasse. Son immense fortune ne lui apporta pas davantage le succès militaire. Ses campagnes se soldèrent par de lourdes défaites contre Cyrus, le fondateur de l'Empire perse, et par l'annexion de son royaume. Finalement prisonnier, Crésus échappa de peu au bûcher en répétant *in extremis* les paroles sages de Solon, lesquelles plurent à Cyrus. Crésus reconnut ainsi que le bonheur des rois était soumis aux mêmes lois que celui des gens normaux.

PAS DE SUPER-BONHEUR POUR LES SUPER-RICHES

Les péripéties vécues par Crésus laisseraient-elles présager les difficultés que connaissent les super-riches ? Au milieu des années 1980, Ed Diener, Jeff Horwitz et Robert Emmons se sont intéressés au bonheur des super-riches contemporains. Ils ont adressé un questionnaire à 100 membres de la liste des Américains les plus riches établie par le magazine *Forbes* en 1983, soit des individus qui pouvaient se prévaloir d'une fortune personnelle de plus de 125 millions de dollars et de revenus annuels de plus de 10 millions de dollars. Le questionnaire comportait dix questions chargées de mesurer différentes composantes du bien-être subjectif : le bonheur, la satisfaction de la vie, les émotions positives et les émotions négatives.

Sur toutes ces dimensions, le groupe des super-riches (du moins ceux qui ont répondu, de manière totalement anonyme) a affiché de meilleurs scores moyens que le groupe de contrôle, composé d'Américains « normaux ». Les super-riches passent plus de temps dans un état heureux, se disent davantage satisfaits de leur vie, ressentent plus souvent des émotions positives et moins souvent des émotions négatives que le reste de la population. En revanche, les écarts de bien-être apparaissent modestes, beaucoup plus que ce que l'on pourrait imaginer. Pour les émotions positives, l'écart n'est même pas statistiquement significatif. Et, selon les réponses glanées par les chercheurs, il semblerait qu'il existe des super-riches qui se sentent (ou se disent) malheureux. Crésus n'était peut-être pas si heureux que ça…

DES INÉGALITÉS DE BONHEUR SURESTIMÉES

En général, les individus exagèrent l'impact de l'argent sur le bonheur. Lara Aknin, Michael Norton et Elizabeth

Dunn, chercheurs à l'université de Colombie-Britannique (Vancouver) et à Harvard, ont envoyé des questionnaires à plusieurs centaines d'Américains de tout âge, sexe et niveau de revenus afin d'étudier leurs perceptions de la relation entre revenus et bonheur[I].

Il en est ressorti une tendance très nette : les gens surestiment la force de cette relation. D'un côté, ils sous-estiment en moyenne le bonheur des ménages à tous les niveaux de revenus, hormis pour les ménages très riches (plus de 500 000 dollars de revenus par an). Pour ceux-là, leur estimation de la satisfaction de la vie est cette fois trop élevée. Pour tous les autres cas, la sous-estimation est remarquable et d'autant plus nette que l'on descend la distribution des revenus. Les ménages qui gagnent moins de 25 000 dollars par an rapportent un niveau de satisfaction de la vie autour de 5,5 points sur 10 (donc un niveau au-dessus de la note moyenne), soit entre 2 et 3 points de plus que ce que les gens imaginent. Non, les pauvres (aux États-Unis) ne détestent pas leur vie ! L'amplitude des inégalités de bonheur n'a rien à voir avec l'amplitude des inégalités de revenus. L'erreur de perception ne se corrige pas lorsqu'il est demandé aux personnes d'estimer ce que serait leur propre niveau de bonheur aux différents niveaux de revenus.

L'ARGENT ACHÈTE PLUS LA SATISFACTION QUE LA JOIE

La richesse influence-t-elle certaines dimensions du bonheur plus que d'autres ? Daniel Kahneman et Angus Deaton[II], chercheurs à l'université de Princeton, ont analysé quelles variables individuelles étaient corrélées avec différentes mesures du bonheur subjectif aux États-Unis : l'évaluation de la vie (mesurée à l'aide de l'échelle de

Cantril[1]) et le bien-être émotionnel, évalué à partir de questions sur les émotions ressenties le jour précédent, positives (la joie) ou négatives (le stress, la tristesse et la colère).

Les deux chercheurs ont obtenu que ces deux mesures du bonheur avaient des corrélats tout à fait différents. Par exemple, l'éducation est plus fortement reliée à l'évaluation de la vie tandis que la santé est davantage corrélée avec les émotions. Les revenus individuels n'affichent également pas le même degré de connexion aux différentes mesures du bonheur. Le revenu du ménage est relié de manière stable au bonheur des membres du ménage. Quel que soit le niveau de revenus, une même augmentation en pourcentage des revenus élève l'évaluation de la vie avec la même amplitude, soit le même résultat que ce qui a été observé au niveau des pays. Ainsi, les ménages américains qui ont un revenu de 20 000 dollars par an donnent une note de 5,6 sur 10 en moyenne à leur vie, contre 6,7 pour les ménages gagnant 40 000 dollars et 7,8 pour les ménages gagnant 80 000 dollars.

En revanche, le bien-être émotionnel individuel, soit la probabilité de ressentir des émotions positives ou celle de ne pas ressentir des émotions négatives, augmente avec le revenu du ménage jusqu'à un plafond de 75 000 dollars par an. Ensuite, l'augmentation du revenu n'a plus d'impact significatif.

Ainsi, au niveau individuel, l'argent fait bel et bien le bonheur, mais avec deux bémols. Plus on a des revenus élevés, plus il faut engranger davantage d'argent pour élever encore la satisfaction de sa vie. Quant au bien-être émotionnel, il plafonne une fois passé un certain niveau de revenus.

---

1. Voir annexe méthodologique.

Figure 7. Le bien-être émotionnel et la satisfaction de la vie
selon le niveau de revenus (États-Unis)

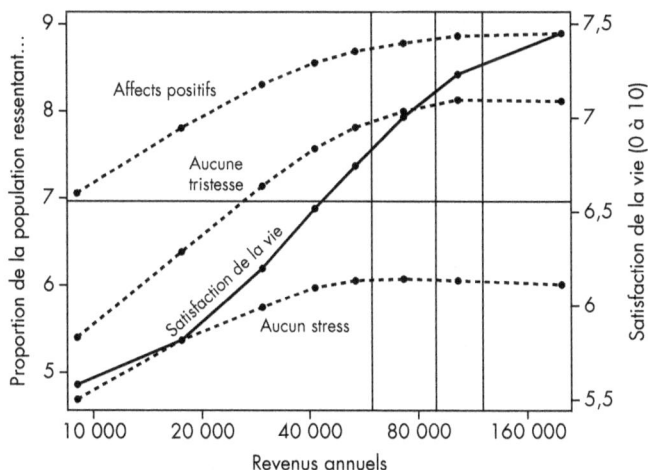

Source : Kahneman et Deaton (2010).

PENSER SA VIE OU LA VIVRE ?

Les résultats de Kahneman et Deaton ne sauraient se limiter aux seuls États-Unis. Ils font pleinement écho à ceux d'une autre étude parue la même année sur des données internationales[III]. Le revenu individuel y est apparu comme beaucoup plus fortement corrélé avec l'évaluation de la vie qu'avec les émotions ressenties. On en déduit que le revenu est un déterminant important du bien-être subjectif des individus, surtout lorsque ceux-ci sont amenés à réfléchir à leur vie afin de livrer leur niveau de satisfaction. Lorsque les individus ne pensent pas à leur vie mais la vivent, le revenu a une influence moindre.

Par ailleurs, la relation entre revenus individuels et satisfaction de la vie est plus forte dans les pays pauvres que dans les pays riches, confirmant que l'argent « achète » plus facilement le bonheur quand on est pauvre. La relation entre revenus et bien-être émotionnel est également plus importante chez les personnes pauvres car, pour elles, un revenu supplémentaire permet notamment de limiter les émotions négatives (peur, angoisse, stress) liées aux difficultés quotidiennes. Mais plus les individus grimpent l'échelle de la richesse, moins leurs émotions quotidiennes sont influencées par le revenu, relativement à d'autres facteurs (les relations sociales, les expériences vécues…). La richesse permet de se libérer de certaines contingences qui ont un coût émotionnel élevé. Rien que pour cela, Mark Twain n'avait pas tout à fait raison.

En pratique, ce que vous pourriez faire…

- ▶ Arrêter d'idéaliser la vie des très riches.
- ▶ Si vous avez déjà des revenus élevés, vous rappeler que, plus riche, vous ne seriez pas nécessairement plus détendu et ne ririez sans doute pas davantage.

Leçon n° 3
Réaliser l'amélioration de son niveau de vie

Dans les années 1970, l'économiste américain Richard Easterlin a fait une observation étonnante, connue depuis sous le nom de « paradoxe d'Easterlin ». D'un côté, l'observation de la situation des ménages ou des pays à une date donnée montre clairement que plus on est riche, plus on est satisfait de sa vie. Cette loi d'airain est encore renforcée par l'observation qu'à court terme, la satisfaction de la vie des individus suit les évolutions de la croissance, et donc des revenus : elle augmente quand la croissance accélère et diminue quand elle s'étiole[I]. D'un autre côté, il est apparu que dans la seconde partie du XXe siècle, les États-Unis ont connu une forte croissance de leurs revenus réels par habitant (+ 200 % sur les six dernières décennies) mais pas d'évolution significative de la satisfaction de la vie moyenne sur le long terme. Ce phénomène a été également remarqué dans plusieurs autres pays riches : en Europe (Allemagne, Royaume-Uni, France, Pays-Bas…[II]) et au Japon[III].

Ainsi, l'impact positif du revenu sur le bonheur qui ressort systématiquement dans les coupes transversales (à un moment donné) ne se vérifie pas toujours dans les études longitudinales (sur plusieurs années ou décennies).

Comment donner du sens à ces résultats apparemment contradictoires[1] ?

L'HYPOTHÈSE DES REVENUS RELATIFS

Une explication consiste à observer que ces études longitudinales documentent la relation entre le bonheur et le revenu *absolu* des individus. Or, il est possible que le bonheur soit également influencé par le revenu *relatif* des individus.

Lorsqu'on questionne les gens sur leur satisfaction envers leurs revenus, on s'aperçoit que le revenu est perçu relativement à différents points de référence : aux autres, à ses propres aspirations, à ses attentes et enfin à sa situation passée. Le revenu est jugé satisfaisant quand il s'inscrit au-dessus du point de référence, et insatisfaisant quand il est en dessous.

Ainsi le revenu peut-il influencer le bonheur de deux manières : d'une part en permettant à l'individu de répondre à ses besoins fondamentaux (le revenu absolu

---

1. Certains chercheurs ont opposé à Easterlin que son paradoxe n'en serait en fait pas un. Le bonheur des individus pourrait très bien augmenter continuellement avec leurs revenus sans que cela transparaisse dans les enquêtes pour des raisons purement méthodologiques. En effet, les différents questionnaires sur le bonheur utilisent des échelles bornées. Ce faisant, il est impossible pour les répondants de donner des évaluations au-delà du maximum. Un plafonnement du bonheur moyen autodéclaré est alors inévitable lorsque de nombreuses personnes se rapprochent du plus haut barreau de l'échelle. La critique paraît juste. Néanmoins, sa portée réelle est limitée dans la mesure où seule une petite fraction des sondés attribue une note maximale à leur vie, même dans les pays riches. Par exemple, dans les versions les plus récentes du Gallup World Poll (qui utilise l'échelle de Cantril, qui va de 0 à 10), seuls 5 % des Européens et 10 % des Nord-Américains ont donné 10/10 à leur vie.

comme instrument) et, d'autre part, en fournissant un critère à partir duquel il peut évaluer sa vie facilement (le revenu relatif comme critère d'évaluation).

Or, la hausse du revenu absolu d'une même personne dans le temps peut très bien laisser inchangé son revenu relatif et, par là, ne pas augmenter son niveau de bonheur :

• le jeu de la comparaison sociale est un jeu à somme nulle. Dans le temps, certains gagnent des positions sociales quand d'autres en perdent. L'évolution moyenne est nulle par définition, quel que soit le niveau de la croissance générale ;

• les aspirations individuelles varient avec les revenus si bien que, malgré la croissance, on peut toujours ressentir son revenu comme étant insuffisant par rapport à ses aspirations ;

• les attentes suivent le même mécanisme que les aspirations. Avec la croissance des revenus, les individus tendent à construire de nouvelles attentes supérieures, lesquelles peuvent se voir par la suite satisfaites ou non ;

• enfin, les hausses de revenus impactent le bonheur de manière seulement éphémère. De nombreuses études montrent que les individus s'adaptent très rapidement à leur nouveau niveau de vie (en un ou deux ans).

L'ADAPTATION AUX REVENUS

Les hausses de revenus ne font pas partie de la liste d'événements forts auxquels on ne s'adapte pas largement. Rafael Di Tella (Harvard), John Haisken-DeNew (DIW, Berlin) et Robert MacCulloch (Imperial College) ont suivi le bonheur d'un panel de près de 8 000 Allemands entre 1984 et 2000. À partir de ces données, ils ont pu estimer une « équation du bonheur » définie sur les niveaux et les changements de revenus et de statut social immédiats et passés. Ils ont obtenu qu'à revenus identiques, les individus sondés étaient d'autant moins heureux que leurs revenus passés étaient élevés, signalant que les revenus sont ressentis relativement aux revenus passés. Ils ont également noté une habituation très significative aux changements de revenus lorsqu'elle est évaluée sur plusieurs années. 65 % de l'effet sur le bonheur d'un changement de revenus intervenu dans l'année écoulée sont ainsi effacés en quatre ans.

COMME BLOQUÉ SUR UN TAPIS ROULANT

La croissance des revenus permet certes de jouir à court terme d'une situation améliorée par rapport à sa situation passée. Mais, à long terme, elle augmente aussi le point de référence à partir duquel on jugera ses revenus futurs. Le mécanisme d'adaptation nous place dans la désagréable situation de devoir constamment augmenter nos revenus pour pouvoir continuer à ressentir cette sensation agréable de la croissance. Un peu comme si nous étions bloqués sur un tapis roulant. Il nous faut constamment courir pour maintenir intact notre niveau de bonheur. Et peu importe la distance déjà parcourue.

Autre motif de découragement, les chercheurs ont remarqué que l'on s'adapte malheureusement plus fortement aux hausses qu'aux baisses de revenus. Par exemple, à revenus identiques en fin de période, la trajectoire ascendante des revenus sur des périodes longues (dix ans) n'apporte pas une satisfaction (vis-à-vis de ses revenus) qui soit supérieure à une trajectoire étale, contrairement à une trajectoire descendante qui, elle, a bien un impact négatif[IV]. Quelqu'un qui est passé progressivement d'un salaire de 30 000 euros à un salaire de 40 000 euros (inflation prise en compte) n'est pas en fin de période plus heureux que quelqu'un qui a vu son salaire stagner à 40 000 euros (mais plus heureux que quelqu'un dont le salaire est passé de 50 000 euros à 40 000 euros). Si vous aviez prévu de dépenser sans compter pour fêter votre récente augmentation de salaire, il est encore temps de vous raviser. Le cidre remplacera très bien le champagne.

CROISSANCE INVISIBLE, CROISSANCE INSIPIDE

Les économistes Andrew Clark, Paul Frijters et Michael Shields (2007) ont estimé que les effets cumulés de la comparaison sociale et de l'adaptation anéantissaient 87 % de l'impact des hausses de revenus sur le bonheur dans les pays développés. En ajoutant l'effet des attentes et des aspirations, on arriverait à un impact encore supérieur, sans doute proche de 100 %.

L'hypothèse des revenus relatifs prend toute son importance dans le cas des pays déjà riches. Pour ces pays, la hausse du revenu absolu n'a plus beaucoup d'impact sur la satisfaction des besoins fondamentaux (conformément aux leçons n° 1 et 2) si bien que les effets relatifs peuvent devenir prédominants et... faire disparaître tout impact sur le bonheur de l'enrichissement collectif sur une longue période.

À l'échelle d'une population, l'effet de la comparaison sociale est nul par définition. Certains s'enrichissent plus vite et gagnent des places sur l'échelle sociale quand d'autres en perdent. Et, en situation de croissance normale, les revenus des individus sont en moyenne en deçà de leurs attentes et de leurs aspirations mais au-dessus de leurs revenus passés. C'est seulement quand la croissance est exceptionnellement élevée que les revenus se rapprochent des aspirations et des attentes et s'éloignent

des points de référence passés. Du fait de ces deux mécanismes (comparaison sociale et comparaison dynamique),
on peut, si le taux de croissance est le même, se retrouver
en 2014 avec un niveau de bonheur moyen égal à celui
observé en 1974, malgré quarante années d'amélioration
des revenus. Le paradoxe d'Easterlin n'est plus.

BAD OLD DAYS

Une méthode simple pour profiter de ses revenus serait de
fixer ses points de référence. Cela peut être fait en se remé-
morant sa situation financière passée. Ce point de comparaison est trop peu souvent utilisé. À peine 10 % des gens
y ont recours[v]. La comparaison historique est beaucoup
moins répandue que la comparaison sociale ou la comparaison aux aspirations. Pourtant, se rappeler que lorsque
l'on était jeune actif, on vivait avec beaucoup moins de
revenus, dans un appartement beaucoup plus petit, et que
beaucoup de plaisirs étaient alors inaccessibles, aide à mesurer le chemin parcouru et à s'en réjouir. On peut également
comparer sa situation présente avec celle de ses parents ou
grands-parents qui vivaient dans des conditions beaucoup
plus difficiles et espéraient une amélioration pour leurs
enfants. Cette amélioration est intervenue. Profitons-en !

En pratique, ce que vous pourriez faire...

▶ Constater la hausse de votre niveau de vie depuis que
  vous avez commencé à travailler.
▶ Vous remémorer vos anciens objectifs en matière de niveau
  de vie et noter que vous les avez atteints (si c'est le cas…).
▶ Demander à vos parents et vos grands-parents comment ils
  vivaient à votre âge. Et remarquer tous les points d'amélioration de la vie depuis ces époques.

Ne pas laisser son beau-frère parler de son bonus

> *« Toutes choses sont bonnes*
> *ou mauvaises par comparaison. »*
> Edgar Allan Poe

Si, comme le dit Spinoza, « le bonheur réside dans le renoncement à se comparer à autrui », alors les revenus sont une épine dans le pied de celui qui aspire au bonheur. En effet, la comparaison sociale paraît être la norme lorsqu'il s'agit d'évaluer ses revenus. Nombreuses sont les études qui montrent qu'à revenus identiques le bonheur est d'autant plus faible que les revenus des autres sont plus élevés.

Par exemple, Ada Ferrer-i-Carbonell, chercheuse à l'université d'Amsterdam, a cherché à évaluer[1] si la satisfaction de la vie déclarée par les Allemands dépendait de l'écart de leurs revenus avec leur groupe de référence, qu'elle a défini comme étant composé des individus du même âge, avec le même niveau d'éducation et vivant dans la même zone géographique (l'ancienne Allemagne de l'Ouest ou l'ancienne Allemagne de l'Est). Travaillant sur des données couvrant 18 000 individus sur une période de cinq ans, elle a obtenu que les revenus personnels et les revenus du groupe de référence influençaient tous les deux le bonheur des individus, les premiers positivement, les seconds négativement. On préfère gagner 30 000 euros quand les autres en gagnent 25 000 que lorsqu'ils en gagnent 35 000. En matière de revenus, la position relative à ses comparables importe beaucoup, et plus encore la position relative telle qu'elle est perçue par l'individu[II].

L'effet du revenu des autres peut être très significatif. Dans son étude, Ada Ferrer-i-Carbonell est parvenue à la conclusion que le revenu du groupe de référence avait un impact aussi fort (mais de signe contraire) que les revenus personnels ! Dans d'autres études, l'impact paraît plus limité tout en restant très important. Une étude a ainsi obtenu qu'aux États-Unis les revenus des autres ont un impact sur le bonheur seulement un tiers plus faible que les revenus personnels[III]. Si les estimations dépendent toujours du groupe de référence qui est choisi, les résultats convergent : les revenus élevés des uns font le malheur des autres.

COMPARAISON DE PROXIMITÉ

Mais qui sont les « comparables » qui comptent ? Ce sont d'abord les groupes de référence. De nombreuses études, comme celles de Ferrer-i-Carbonell, après avoir défini arbitrairement un groupe de référence (souvent en fonction de critères d'âge[IV] ou de situation géographique[V]), ont obtenu effectivement une influence négative sur le bonheur individuel des revenus moyens à l'intérieur de ce groupe. Cela peut également être des groupes de référence plus personnalisés, comme les collègues ou les anciens camarades de classe[VI]. Ce sont enfin des personnes de référence. Les études qui se sont intéressées à des personnes particulières, par exemple à l'intérieur de la famille (les parents, le conjoint ou le beau-frère), ont retrouvé les mêmes résultats.

Quelques travaux ont cherché à savoir à qui les gens se comparaient en termes de revenus, en le leur demandant expressément. Les sondés répondent qu'ils se comparent en priorité aux gens de leur quartier ou village[VII], à leurs amis et surtout à leurs collègues[VIII]. Chaque fois, il s'agit de comparables de proximité, avec qui les interactions sont fréquentes. Ce ne sont jamais des célébrités aux salaires exorbitants, comme les acteurs ou les joueurs de foot.

LE CHAGRIN DU MÉDAILLÉ

Mais pourquoi nous comparons-nous ? Lorsqu'elle est sous contrôle, la comparaison sociale est un mécanisme psychologique très utile qui peut répondre à différentes fonctions : l'amélioration de soi (*via* une comparaison ascendante), l'évaluation de soi (comparaison latérale) ou enfin l'estime de soi (comparaison descendante).

Néanmoins, avoir à disposition la cible adéquate n'étant pas chose simple, on a souvent tendance à se comparer aux cibles routinières que sont nos proches et ceux avec qui l'on interagit quotidiennement (les collègues). Le contexte aussi fournit des points de référence, que cette fois l'on ne choisit pas du tout. Par exemple, les médaillés d'argent aux jeux Olympiques doivent, bon gré mal gré, partager les podiums avec les médaillés d'or (et de bronze, ce qui leur est moins désagréable). La joie indicible de ceux qui sont montés sur la plus haute marche, immédiatement sous leurs yeux, a tendance à gâcher le bonheur que retirent les argentés de ce moment pourtant unique. C'est ce qu'ont pu observer Medvec, Madey et Gilovich, psychologues à l'université de Cornell, en comparant les réactions émotionnelles des médaillés lors des jeux Olympiques de 1992 à Barcelone. Si, près de la première place, les médaillés d'argent peuvent facilement imaginer un scénario alternatif qui leur aurait été plus favorable et se trouvent dès lors souvent insatisfaits du résultat final ; au contraire, les médaillés de bronze goûtent leur bonheur de ne pas avoir fini à la pire des places, au pied du podium, et par conséquent affichent des émotions plus positives au moment de recevoir leur médaille.

ENTRE JALOUSIE ET ESPOIR

À quel type de comparaison sociale la comparaison des revenus renvoie-t-elle ? Les tests statistiques sur l'influence des revenus de référence montre que leur effet n'est pas symétrique : le bonheur pâtit davantage de revenus inférieurs à la référence qu'il ne profite de revenus supérieurs[ix]. Ce résultat va dans le sens d'une comparaison sociale des revenus plus ascendante que descendante. En matière de revenus, on regarde davantage vers le haut que vers le bas. On le fait sans doute pour se motiver en vue de s'améliorer. Néanmoins, l'effet immédiat est la prise de conscience d'un statut (socio-économique) inférieur et son corollaire, la dégradation de son bonheur.

À l'inverse, dans certains pays émergents aux évolutions économiques incertaines (par exemple les pays d'Europe de l'Est et la Chine), il a été observé que les revenus supérieurs des autres pouvaient avoir un impact *positif* sur le bonheur individuel[x], comme s'ils étaient perçus comme le signe d'une amélioration future de sa situation personnelle.

Cet « effet tunnel » peut aussi expliquer une observation importante dans les pays développés : les personnes qui se comparent surtout à leurs collègues sont plus heureuses que celles qui se comparent d'abord à leurs amis[XI]. Sans doute parce que les salaires des collègues contiennent en eux davantage d'information (et d'espoir) sur les perspectives de salaire futures que les salaires d'amis éparpillés dans différentes entreprises de différents secteurs. Un petit conseil : à la période des bonus, si vous craignez que votre beau-frère banquier ait été particulièrement bien doté, ne l'invitez pas à dîner… surtout si vous ne travaillez pas dans le secteur de la banque et n'envisagez pas d'y entrer.

En pratique, ce que vous pourriez faire…

▶ Vous retenir d'interroger sur son salaire quelqu'un dont vous savez qu'il gagne plus que vous et que vous ne pourrez pas rattraper.

▶ Remarquer les personnes autour de vous qui gagnent moins que vous.

▶ Prendre conscience de votre position dans la distribution des revenus et des niveaux de vie en France (l'Insee fournit sur son site www.insee.fr, sous la rubrique « Revenus et salaires », ce genre de distributions en fonction de la composition des ménages, des professions exercées, de la région, etc.).

Tenir en laisse ses aspirations

Au même titre qu'il pâtit de la différence défavorable avec les revenus des proches, le bonheur peut aussi être grevé par le décalage entre la situation que connaît l'individu et ses aspirations. Celui qui gagne déjà beaucoup mais aspire à gagner encore plus risque de ne pas être complètement satisfait de sa vie.

HORIZON FUYANT

Dans son roman *Les Choses,* Georges Perec présente un couple de jeunes Parisiens des années 1960 aux prises avec les aspirations de leur époque. Âgés respectivement de 24 et 22 ans au début du roman, Jérôme et Sylvie sont deux psychosociologues de condition modeste qui partagent le même rêve, celui d'une vie que la richesse rendrait harmonieuse. Dans une telle vie, « *nul projet ne leur serait impossible. Ils ne connaîtraient pas la rancœur, ni l'amertume ni l'envie. Car leurs moyens et leurs désirs s'accorderaient en tous points, en tout temps. Ils appelleraient cet équilibre bonheur* ».

Mais cet état d'équilibre se fait attendre. En dépit de la hausse de leurs revenus année après année, ils continuent de connaître la frustration car « *l'argent – une telle remarque est forcément banale – suscitait des besoins nouveaux. Ils auraient été surpris de constater, s'ils y avaient un instant réfléchi – mais ces années-là, ils ne réfléchirent point –, à quel*

point s'était transformée la vision qu'ils avaient de leur propre
corps, et, au-delà, de tout ce qui les concernait, de tout ce qui leur
importait, de tout ce qui était en train de devenir leur monde ».

LE COÛT DE L'INSATISFACTION

Confirmant cette idée, des chercheurs ont observé une
satisfaction de la vie amputée lorsque les revenus sont
inférieurs aux aspirations.

Alois Stutzer[i], chercheur à l'université de Zurich, a effectué une régression[1] du bonheur des Suisses sur différentes variables, dont le niveau de revenus et le niveau
des aspirations. Il en est ressorti que le revenu influence
positivement le bonheur mais aussi que les aspirations
l'influencent négativement. Les coefficients étant de taille
(quasi) identique, on peut dire plus simplement que le
bonheur dépend de l'écart entre ces deux variables. Toutes
choses égales par ailleurs, celui qui gagne 50 000 francs
suisses (ou euros, peu importe) mais aspire à en gagner
70 000 sera (presque) aussi heureux que celui qui en
gagne 70 000 mais rêve de 90 000.

L'écart entre les réalisations et les aspirations en matière
de revenus détermine la satisfaction financière, laquelle
est une composante importante de la satisfaction de la vie.
Ces aspirations peuvent créer une situation paradoxale
où l'individu est objectivement bien doté mais fait une
évaluation subjective négative de sa situation. Or, c'est
cette évaluation subjective qui influence le bonheur. Pour

---

1. En d'autres termes, le chercheur a modélisé le bonheur des Suisses
comme une fonction (linéaire) de plusieurs variables puis, à partir des
données à sa disposition, a pu estimer les coefficients de ces différentes
variables explicatives. Pour être dignes d'intérêt, les variables doivent
avoir des coefficients significativement différents de zéro.

améliorer son bien-être, il faudra qu'il rapproche ses revenus de ses aspirations, en augmentant les premiers ou…
en diminuant les secondes[1].

Toujours plus haut

Le problème auquel sont confrontés Jérôme et Sylvie est
que les aspirations ne sont pas fixées de manière indépen-
dante mais, au contraire, directement reliées au revenu.
Lorsque le revenu progresse, les aspirations en matière
de revenus s'élèvent elles aussi, presque mécaniquement.
Richard Easterlin, l'économiste à l'origine du paradoxe
éponyme, s'est par exemple intéressé aux perceptions des
individus quant à ce qui définit une vie agréable, celle
à laquelle personnellement ils aspirent. Il peut s'agir de
partir régulièrement en vacances, d'avoir une piscine, une
résidence secondaire[II]… Il a pu observer les perceptions
de ménages de différents âges dans deux enquêtes séparées de seize ans, comme s'il les avait accompagnés durant
une partie de leur cycle de vie. Il en est ressorti qu'au fil
du temps, à mesure que les ménages s'enrichissent (sur
la période considérée, le revenu moyen a crû de 25 %
hors inflation) et possèdent les biens qu'ils avaient préalablement listés, leurs standards de vie augmentent. De
nouvelles aspirations apparaissent. Si, dans la première
enquête, les ménages les plus jeunes étaient 26 % à vouloir posséder une maison de vacances, seize ans plus tard
la proportion pour ces ménages (devenus quadragénaires)
était passée à 47 %.

---

1. En plus d'influencer le bonheur, le décalage entre réalisations et aspirations modifie les comportements. Par exemple, quelqu'un dont le revenu
est significativement inférieur à ses aspirations aura tendance à prendre
plus de risques pour se rapprocher de ses aspirations (Koedijk *et al.*, 2012).

© groupe Eyrolles

LE TAPIS ROULANT DES ASPIRATIONS

Les aspirations suivent-elles pour autant parfaitement les revenus, de sorte que l'écart ne diminue jamais ? Dans les années 1990, un groupe de chercheurs de l'école de Leyde, aux Pays-Bas, a estimé qu'une augmentation de revenus de 100 euros engendrait en moyenne une augmentation des aspirations de 60 euros à un horizon de deux ans[III]. Ainsi, 60 % de l'impact hédonique d'une hausse de revenus tendrait à s'évaporer à cause de la « dérive des préférences ». Dans une étude plus récente qui inclut l'impact de la comparaison sociale (en s'enrichissant, on tend à changer de milieu, ce qui contribue à créer de nouveaux besoins), des chercheurs de cette même école ont obtenu un coefficient de 100 % : tout compris, une hausse de 100 euros du revenu finit par augmenter de 100 euros les aspirations. Le décalage ne se réduit pas. Ainsi, les aspirations avancent, elles aussi, comme sur un tapis roulant. L'individu se retrouve à courir constamment derrière elles pour les rattraper, tandis que le bonheur, lui, fait du surplace.

Figure 8. Le tapis roulant des aspirations

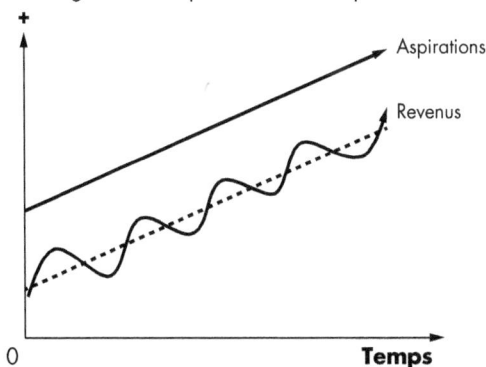

Lecture : ce n'est que lorsque la croissance des revenus accélère au-delà de la tendance de long terme (en pointillés) que l'écart entre les revenus et les aspirations se réduit et que l'individu connaît une amélioration (temporaire) de son niveau de bonheur.

En pratique, ce que vous pourriez faire…

▶ Remarquer que vous vous êtes « embourgeoisé » en prenant conscience de la dérive de vos aspirations matérielles au fil du temps.

▶ Vous demander si vos nouvelles aspirations, au cas où elles seraient satisfaites dans le futur, vous apporteraient véritablement un surcroît durable de bonheur. N'êtes-vous pas en train d'aspirer à plus juste parce que… c'est ce que vous avez toujours fait ?

Leçon n° 6

Ne pas miser sur le Loto ou sur l'héritage

« La richesse héritée constitue un vrai handicap pour le bonheur. C'est un coup fatal pour l'ambition aussi sûr que la cocaïne en est un pour la moralité. »
Cornelius Vanderbilt

Gagner 50 millions d'euros à la loterie, quitter son travail, s'acheter un voilier et partir faire le tour du monde, revenir et prendre possession d'une villa avec piscine et jacuzzi surplombant la baie de Saint-Tropez… Difficile de s'imaginer malheureux dans un tel scénario. Et pourtant… Dès les années 1970, l'étude de Brickman et Coates avait remis en question l'idée reçue que les gagnants du Loto devaient être les plus heureux d'entre tous.

ARGENT PROVOCATEUR

Plus près de nous, le roman *La Liste de mes envies,* de Grégoire Delacourt, traite des potentialités et des risques encourus par les gagnants du Loto. L'héroïne du roman, Jocelyne, est une modeste mercière d'Arras. Elle est mariée à Jocelyn, son premier amour, ouvrier dans l'usine de glaces Häagen-Dazs de la ville, avec qui elle mène une vie heureuse. Poussée par des amis, elle joue pour la première fois à l'Euro Millions et gagne 18 547 301 euros et 28 centimes. Consciente que son existence en sera bouleversée, elle décide de n'en parler à personne et préfère conserver le chèque en lieu sûr. Elle ne change rien à sa vie pour ne rien changer à son bonheur. Au retour d'un voyage, Jocelyne s'aperçoit que le chèque a disparu. Après quelques vérifications, elle comprend alors que son mari, beaucoup plus matérialiste qu'elle, s'est enfui avec le chèque pour aller vivre une vie somptueuse sur la Côte d'Azur. Les appréhensions de Jocelyne étaient donc légitimes : l'argent a bien le pouvoir de tout corrompre, y compris ce qui paraissait incorruptible.

La mise en garde que lui avait faite la psychologue de la Française des Jeux lorsque Jocelyne était venue retirer son chèque avait valeur de prémonition : « *Il y a eu beaucoup de suicides [...]. Beaucoup, beaucoup de dépressions, de divorces, de haines et de drames. On a vu des coups de couteau. Des blessures au pommeau de douche. Des brûlures au Butagaz. Des familles déchirées, anéanties. Des belles-filles trompeuses, des gendres alcooliques. [...] Un gendre qui a coupé deux phalanges pour avoir un code de carte bleue. Des fausses signatures, des fausses écritures. L'argent rend fou [...] il est à l'origine de quatre crimes sur cinq. D'une dépression sur deux. [...] Ce sera un choc, vous verrez. [...] Et votre mari ; peut-être a-t-il un travail modeste, et bien il va vouloir arrêter de travailler, s'occuper de votre fortune, je dis bien votre fortune parce que désormais elle sera à lui comme à vous puisqu'il vous aime, ah ça oui, il va vous le dire qu'il vous aime, dans les jours et les mois qui viennent, il va vous offrir des fleurs [...] il va vous gâter, il va vous endormir, il va vous empoisonner. C'est un scénario écrit d'avance [...] la convoitise brûle tout sur son passage.* »

PAS DE JACKPOT ÉMOTIONNEL

Sans dresser un constat aussi noir, les études académiques montrent que l'impact sur le bonheur d'un choc de revenu important est pour le moins ambigu. Quatre chercheurs de l'université de Santa Barbara et de différentes institutions aux Pays-Bas[I] ont par exemple étudié l'impact des gains à la loterie postale aux Pays-Bas. Cette loterie, à but caritatif, est atypique en ce qu'elle attribue les prix en fonction du code postal. Tous les joueurs ayant le code postal gagnant (en moyenne 19 joueurs) se voient attribuer 25 000 euros chacun ou, pour l'un d'entre eux, une BMW neuve d'un montant équivalent. Pour ces gagnants, le choc de revenu est significatif, équivalent en moyenne à huit mois de revenus, mais très insuffisant pour changer de mode de vie. Ils ont ensuite observé les dépenses de ces ménages chanceux dans les mois suivant le gain et l'impact sur leur bonheur. Le schéma classique est que les ménages ont utilisé l'argent reçu pour des consommations durables, souvent l'achat d'une nouvelle voiture ou la rénovation de leur maison. Ces changements n'ont toutefois pas eu d'impact significatif sur leur bonheur lorsque celui-ci a été évalué six mois après le gain. Pas plus que sur le bonheur de leurs voisins qui n'avaient pas joué (et *a fortiori* pas gagné) d'ailleurs.

Lorsqu'il s'agit d'évaluer l'impact de gains soudains sur la santé mentale, les résultats renseignent un impact positif mais modéré. Jonathan Gardner et Andrew Oswald[II] ont évalué l'impact de gains à la loterie, faibles ou intermédiaires, sur le niveau de stress des Britanniques. Ceux qui avaient eu la chance de gagner plus de 1 000 livres à la loterie (et jusqu'à 117 000 livres) ont vu leur mesure de stress diminuer de 1,4 point en moyenne (sur une échelle qui en compte 36 et pour laquelle le score moyen tourne autour de 11 points) deux ans après avoir obtenu leurs gains, soit un changement significatif mais nettement plus faible que celui occasionné par d'autres événements de la vie (par exemple le veuvage augmente le stress mental de 5 points en moyenne). Qui plus est, leur niveau de stress avait augmenté la première année suivant leur gain, avant de refluer, suggérant la nécessité d'une période d'adaptation.

Problèmes de transmission

Un autre événement dans la vie engendre une augmentation soudaine de la richesse : l'héritage. Si les études académiques qui évaluent le bien-être des héritiers de grandes fortunes manquent cruellement (comme les études suivant les gagnants de méga-jackpots à la loterie), les enquêtes réalisées par les sociétés de gestion de fortune fournissent un premier éclairage. Et elles tendent à montrer que les personnes qui ont hérité d'une grande fortune se disent en général moins heureuses que les personnes ayant gagné de grandes fortunes par leur travail[1]. Ces résultats confirment l'impression laissée par les suicides et les catastrophes en série dans certaines grandes familles : les Agnelli, les Kennedy, les Rothschild…

Effet de loupe

Pourquoi imagine-t-on à tort que l'on serait beaucoup plus heureux si l'on gagnait au Loto ou si l'on héritait d'une vieille tante perdue de vue ?

---

1. Voir par exemple les chroniques de Robert Frank *(The Wealth Report)* sur le site du *Wall Street Journal*, notamment « Earners vs. Heirs » (11 avril 2008) et « Why income (not wealth) can buy happiness » (14 novembre 2011).

Une importante source d'erreur est l'*illusion focale*. Quand on réfléchit au bonheur des gens ayant une caractéristique particulière, on focalise sur cette caractéristique et on tend à oublier le reste, qui est indépendant, voire peut être impacté négativement. Ainsi, lorsqu'on pense au bonheur des gens fortunés, on tend à négliger les autres dimensions de leur vie qui ont pourtant un impact significatif pour eux comme pour les autres (les relations sociales, la santé, la réalisation de soi dans son travail…).

C'est vrai pour la fortune comme pour la santé, la situation matrimoniale ou encore le cadre de vie… Le film *The Descendants* d'Alexander Payne, avec George Clooney, qui raconte les turpitudes d'une famille déchirée à Hawaii, commence par dénoncer l'idée reçue que la vie y serait totalement paradisiaque, entre surf, soleil et palmiers. David Schkade et Daniel Kahneman[iii] confirment que l'on exagère généralement l'impact du climat sur le bonheur. En comparant la satisfaction de la vie rapportée par des étudiants vivant dans le Midwest américain (dans le Michigan et l'Ohio) et en Californie aux estimations faites par ces mêmes étudiants, ils ont obtenu que le bonheur n'était finalement pas significativement différent entre le Midwest et la Californie, contrairement aux prévisions faites par les étudiants. En allant dans le détail des réponses, ils ont pu observer que l'écart entre la réalité et les estimations s'expliquait par la tendance à considérer que le climat influence davantage le bonheur des autres qu'il ne le fait pour soi-même ou ses pairs. Les étudiants californiens ont surestimé l'impact négatif du climat rigoureux du Midwest sur le bonheur des étudiants de cette région et les étudiants du Midwest ont, eux, surestimé l'impact positif du climat agréable du « *Golden State* » sur le bonheur des Californiens.

D'une manière générale, une quelconque caractéristique n'a jamais autant d'importance sur le bonheur que ce qu'elle semble avoir lorsqu'on y pense.

En pratique, ce que vous pourriez faire…

▶ Porter un regard critique sur les articles « people » consacrés à la vie « idyllique » des héritiers et héritières des grandes familles.

▶ Penser à tous ces problèmes que rencontrent les gagnants du Loto et que vous n'avez pas.

Éviter de se comparer à des personnages fictifs

« La télévision n'exige du spectateur qu'un acte de courage, mais il est surhumain, c'est de l'éteindre. »
Pascal Bruckner

La télévision n'est pas un loisir comme les autres. Alors que la pratique de loisirs dope généralement le bonheur, la télévision, elle, a tendance à le diminuer chez ceux qui la regardent. Depuis les années 1980, les études académiques se multiplient pour montrer la corrélation négative entre temps passé devant la télé et satisfaction de la vie[1], un résultat qui n'est pas retrouvé pour les autres médias (radio, presse écrite, Internet).

LA TÉLÉ, GOUFFRE TEMPOREL

Le lien négatif télé-bonheur est d'autant plus problématique que la télévision est de loin le premier des loisirs dans de nombreux pays, où la consommation moyenne varie entre trois et cinq heures par jour.

Néanmoins, observer une corrélation ne signifie pas que l'on a trouvé une relation causale. La consommation de télévision peut certes diminuer le bonheur. Mais on peut aussi concevoir qu'un déficit de bonheur peut amener à la regarder davantage. Et les deux relations peuvent très bien coexister dans un mouvement circulaire.

Des études récentes ont utilisé des tests indirects pour évaluer le sens du lien télévision-bonheur. Par exemple, Bruno Frey et Christine Benesch, de l'université de Zurich, ont utilisé les données de l'European Social Survey pour évaluer les effets de la consommation de télévision sur le bonheur dans 32 pays européens. Leurs résultats suggèrent que la télévision diminue bien le bonheur de ceux qui la regardent.

D'une part, la consommation de télévision diminue davantage le bonheur de ceux qui ont *peu* de temps libre[II], ce qui tend à invalider l'hypothèse que la relation négative télé-bonheur serait essentiellement le fait de personnes initialement malheureuses qui ont un surcroît de temps libre car le reste de leur vie est peu rempli et peu satisfaisant.

D'autre part, l'impact négatif de la consommation de télévision (notamment intensive, au-delà de deux heures et demie par jour) ressort encore plus marqué lorsqu'il existe un nombre important de chaînes à la disposition des téléspectateurs[III]. On peut légitimement penser que ce n'est pas le bonheur des téléspectateurs qui influence le nombre de chaînes, mais plutôt le nombre de chaînes qui affecte le bonheur des téléspectateurs (en leur faisant passer plus de temps devant la télé, zapper davantage, etc.).

LE TÉLÉ CONTRE LES ACTIVITÉS SOCIALES

Comment la télé peut-elle faire baisser le niveau de bonheur de ceux qui la regardent ? Plusieurs mécanismes ont été trouvés qui expliquent cet impact négatif. D'abord elle prend la place d'autres activités plus directement reliées au bonheur, en premier lieu les activités sociales. Les gens qui regardent beaucoup la télévision ont moins d'interactions sociales que les autres, et notamment passent moins de temps avec leurs amis[IV]. Si la télé phagocyte les autres activités, ce n'est, semble-t-il, pas à cause de ce qu'elle apporte à ceux qui la regardent. La télévision n'est généralement pas associée à des émotions positives fortes. Au contraire, lorsqu'il est demandé aux individus d'évaluer en temps réel les émotions générées par les différentes activités de leur vie quotidienne, les moments passés devant le petit écran ressortent comme étant peu gratifiants, pas plus agréables que le rangement ou le ménage par exemple.

AMOUR, GLOIRE ET BEAUTÉ

Autre effet préjudiciable, la consommation de télévision modifie la perception qu'ont les téléspectateurs des niveaux de vie à l'intérieur de la société, en élevant les points de référence auxquels ils se comparent. Les téléspectateurs sont submergés d'images de gens plus riches qu'eux, images qui ne correspondent pas à la réalité. Les chercheurs[V] ont observé que la télé et la pub montraient un monde composé de beaucoup plus de gens riches que le monde réel. Les années 1980 ont sans doute offert le summum de la distorsion avec la déferlante de séries américaines (voir le tableau 1) sur la vie des super-riches, à destination des adultes (*Dallas, Dynastie, Les Feux de l'amour…*) comme des ados (*Arnold et Willy, Ricky ou la belle vie…*).

Tableau 1. Les séries américaines sur la vie des riches (années 1980)

Titre de la série	Dates de diffusion aux États-Unis
The Young and the Restless (*Les Feux de l'amour*)	Depuis 1973
Dallas	1978-1991
Different Strokes (*Arnold et Willy*)	1978-1985
Knots Landing (*Côte Ouest*)	1979-1993
Hart to Hart (*Pour l'amour du risque*)	1979-1984
Magnum	1980-1988
Dynasty (*Dynastie*)	1981-1989
Silver Spoons (*Ricky ou la belle vie*)	1982-1986
Santa Barbara	1984-1993
The Bold and the Beautiful (*Amour, gloire et beauté*)	Depuis 1987

D'où une distribution des revenus complètement inversée entre le monde projeté et le monde réel (voir figure 9). Si les super-riches sont moins l'objet de séries aujourd'hui qu'il y a trente ans, les personnages représentés dans les publicités, les films et les séries continuent d'appartenir aux catégories socioprofessionnelles élevées et à afficher un train de vie bien supérieur à celui auquel ils auraient droit dans la vraie vie compte tenu de leur situation professionnelle. La conséquence est que les personnes qui regardent beaucoup la télévision ont une perception erronée du revenu moyen[VI], de leur propre place dans la distribution des revenus et des niveaux de vie, ce qui a tendance à heurter leur satisfaction. À revenus identiques, les personnes qui regardent plus la télévision sont moins satisfaites de leurs revenus (et de leur vie en général) que celles qui la regardent moins.

Figure 9. La distorsion de la distribution des revenus à la télévision américaine (années 1980)

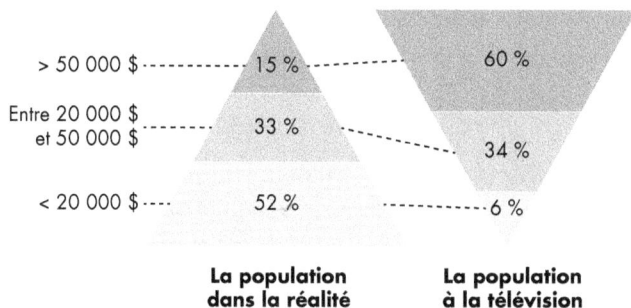

	La population dans la réalité	La population à la télévision
> 50 000 $	15 %	60 %
Entre 20 000 $ et 50 000 $	33 %	34 %
< 20 000 $	52 %	6 %

Source : Condry (1989).

AMERICAN DREAM

Par la distorsion des représentations qu'elle suscite, la télé rogne également le bonheur des téléspectateurs des pays en développement. Il a été observé que dans les pays émergents l'exposition aux séries télé américaines conduit les téléspectateurs à avoir une perception déformée des niveaux de vie des ménages aux États-Unis, ce qui alimente une moindre satisfaction de leur vie et de la société dans laquelle ils vivent, comme cela a, par exemple, été montré chez les téléspectateurs de Corée du Sud et d'Inde[VII]. L'effet diminue lorsque les téléspectateurs ont des connaissances aux États-Unis qui les renseignent sur la vie réelle dans ce pays.

LA FABRIQUE DES ASPIRATIONS

Regarder la télévision change également les aspirations et les comportements économiques. Par l'entremise de la publicité notamment, la télévision alimente des valeurs matérialistes chez ceux qui la regardent, dans les pays développés comme dans les pays émergents[VIII]. Les « télé-phages » placent la réussite matérielle plus haut dans la liste de leurs aspirations et passent davantage de temps à des activités qui produisent des revenus plutôt qu'à des activités sociales. Ils ont également tendance à dépenser davantage (et donc à épargner moins)[IX].

Un tel effet était visible en Allemagne lorsque le pays était encore scindé en deux. Dans certaines régions de l'Est proches de la frontière, les ménages réussissaient à capter la télévision ouest-allemande. Influencés par ce qu'ils voyaient et que les autres ne voyaient pas, ces ménages avaient déve-loppé des aspirations matérielles bien supérieures[X].

D'autres formes de comparaison sociale sont intermédiées par la télévision, par exemple le physique des femmes. De nombreuses études ont montré l'effet nocif de l'ex-position à des images de femmes sexy sur la perception qu'ont les femmes de leur propre corps ainsi que sur leur humeur et leur confiance en elles[XI]. Un effet similaire a également été retrouvé chez des hommes. Exposés à des images de femmes attirantes, ils ont ensuite tendance à évaluer moins positivement l'aspect physique de femmes « normales » et à être moins satisfaits du physique… de leurs compagnes[XII].

La télévision n'est pas un loisir anodin. Le temps que l'on passe devant l'écran (jusqu'à dix ans de notre vie au total !) a le pouvoir de nous transformer en profondeur.

COMPARAISONS 2.0

Les mêmes phénomènes commencent à être repérés chez les utilisateurs d'Internet et des réseaux sociaux. L'équi-pement des ménages encore inégal en technologies de l'information permet de réaliser des expériences qui ne seront peut-être plus possibles dans quelques années. Ainsi, sur des données de la seconde moitié des années 2000, des chercheurs ont pu observer que les ménages européens ayant un ordinateur à domicile ont tendance à avoir des estimations du salaire minimum nécessaire « pour joindre les deux bouts » de 3 à 5 % supérieures à celles des ménages comparables mais sans ordinateur à domicile. De même, les personnes qui utilisent souvent Internet comme source d'information ont tendance à être moins satisfaites de leurs revenus du fait d'aspirations plus élevées.

Facebook et les réseaux sociaux sont également un formidable outil de comparaison sociale. Qu'on le veuille ou non, avoir accès aux profils et aux publications de nos amis et relations nous incite à nous comparer à eux. Même si nous savons que les publications sur ces réseaux sont biaisées par la tendance de tout un chacun à y présenter sa vie sous son meilleur jour, ce que nous y voyons n'en affecte pas moins nos perceptions. Plus nous passons de temps par semaine sur Facebook, plus nous avons tendance à croire que nos amis Facebook sont plus heureux que nous et ont une vie meilleure que la nôtre. C'est d'autant plus vrai pour ceux ayant une grande proportion de leurs amis Facebook qu'ils ne côtoient pas dans la vie réelle[XIII].

Enfin, regarder sur les réseaux sociaux les profils de gens beaux diminue la satisfaction que l'on a de son propre corps et tend à alimenter une image corporelle globalement négative. Et, pour les hommes, observer le succès professionnel des autres hommes sur ces mêmes réseaux sociaux abaisse la satisfaction ressentie face à sa carrière[XIV].

À défaut de réaliser leurs failles, leurs échecs et leurs états d'âme lors de rencontres réelles, nos amis virtuels ont les mêmes effets sur nos perceptions que des personnages de fiction.

En pratique, ce que vous pourriez faire...

▶ Remarquer les incohérences entre les métiers des personnages des séries télé et leurs niveaux de vie.

▶ Quitter votre fauteuil au moment des pubs à la télé.

▶ Utiliser un bloqueur de publicités lorsque vous allez sur Internet.

▶ Éteindre votre télé, la débrancher (voire la vendre sur *Leboncoin*).

▶ Vous fixer une limite de temps passé devant la télé chaque semaine.

▶ Mettre en place une règle stricte : pour une heure passée devant la télé, une heure à passer dehors avec vos amis.

▶ Filtrer ceux de vos amis Facebook qui mettent exagérément en scène leur train de vie dans leurs posts.

Arrêter de penser que le temps, c'est de l'argent

> *« Le temps est le bien le plus rare parce que c'est le seul bien qu'on ne peut ni produire, ni donner, ni échanger, ni vendre. »*
>
> Jacques Attali

L'amorçage est un effet psychologique dans lequel l'exposition à un premier stimulus change la réaction à un second stimulus associé au premier par une relation logique. Par exemple, quelqu'un qui lit une liste de mots comprenant le mot « table » aura plus de chances qu'un autre de répondre « chaise » s'il doit immédiatement après compléter le mot à trous « cha - - e ». De même, une expérience amusante à faire est de montrer à un ami plusieurs objets de couleur blanche, de lui demander à chaque fois de quelle couleur est l'objet, puis de lui poser la question suivante : « Que boivent les vaches ? » La probabilité est grande qu'il réponde : « Du lait », même si c'est absurde.

PENSER À L'ARGENT POUSSE À ÊTRE INDIVIDUALISTE...

Dans les années 1990-2000, les chercheurs en psychologie ont multiplié les expériences sur l'amorçage et réussi facilement à manipuler les réponses des participants, obtenant des effets intéressants ou loufoques (par exemple des sujets qui marchent plus lentement après avoir lu des mots appartenant au champ lexical de la vieillesse[i]) dont certains ont toutefois été remis en cause[1].

L'amorçage de l'argent et de la consommation est un champ d'études exploré par plusieurs laboratoires, et la convergence de leurs résultats incite à la confiance quant à la robustesse des effets obtenus. Il a été observé que les personnes amenées à penser à l'argent par une manipulation simple (lire un texte, écrire un texte, jouer un jeu, être en contact avec une affiche…) changeaient de comportement à court terme. Penser à l'argent augmente ponctuellement la propension à :

- travailler ;
- s'adonner à des activités solitaires ;
- rechercher la solution à ses problèmes de manière autonome.

Inversement, penser à l'argent diminue la propension à :

- faire un don à une association ;
- aider les personnes qu'on rencontre ;
- faire du bénévolat ;
- socialiser ;
- et… faire l'amour !

Dans l'une des multiples manipulations utilisées par les chercheuses Kathleen Vohs, Nicole Mead et Miranda Goode[ii] pour évaluer l'impact de l'amorçage de l'argent sur les comportements, les participants étaient assis à un bureau sur lequel figurait un ordinateur dont l'écran de veille affichait soit des billets, soit des poissons, soit un

---

1. Voir la mise en garde et les conseils de Daniel Kahneman aux chercheurs dans ce domaine : « A proposal to deal with questions about priming effects », parus dans la revue *Nature*.

fond uni neutre. Ils devaient ensuite converser avec un autre participant après avoir préalablement installé leur chaise par rapport à celle de leur futur interlocuteur. Ceux qui avaient vu l'écran affichant des billets de banque ont décidé de positionner leur chaise à une distance 50 % plus importante de l'autre chaise par rapport aux participants exposés aux autres écrans de veille.

… QUAND PENSER AU TEMPS INCITE À SE CONNECTER AUX AUTRES

Ainsi, l'amorçage de l'argent semble conduire l'individu à s'éloigner des autres, au sens physique mais aussi psychologique. L'amorçage du temps entraîne un effet exactement inverse. Amener les gens à penser à l'utilisation de leur temps les incite à en passer davantage avec leurs amis et leur famille, à faire plus l'amour, à travailler moins et à accorder plus de temps à des activités associatives (et donner plus d'argent également !).

Par exemple, Cassie Mogilner, de l'université Stanford, a demandé à des participants de constituer autant de phrases de trois mots possibles en trois minutes à partir de listes de quatre mots puis de dire comment ils envisageaient de répartir leur temps le lendemain entre les activités typiques d'une journée (travailler, socialiser, faire l'amour, passer du temps dans les transports…). Un groupe s'est vu attribuer des listes comportant des mots relatifs au champ lexical de l'argent, un autre des listes avec des mots relatifs au temps et un groupe de contrôle des listes de mots sans thématique particulière. Il est ressorti de leurs réponses sur l'organisation de leur journée que ceux qui avaient reçu une liste de mots amorçant l'argent étaient davantage enclins à travailler que le groupe de contrôle, tandis que ceux à qui avaient été donnés les mots amorçant le temps avaient une plus grande motivation pour s'engager dans des relations sociales ou intimes.

Le temps et l'argent enclenchent différents états d'esprit. Nous considérons nos choix relatifs à l'usage de notre temps comme fortement connectés à notre identité profonde tandis que les choix relatifs à l'argent amènent à raisonner de manière rationnelle et économique et à se représenter soi-même en situation de compétition pour le statut social. Les premiers nous renvoient à ce que nous valorisons intrinsèquement, les seconds à ce qu'il paraît pertinent de faire pour faire bonne figure dans le jeu économique et social.

Le problème est que dans les sociétés modernes l'on parle bien davantage des problématiques liées à l'argent que du temps qui passe inexorablement. La pub, les médias ou encore les devantures des magasins nous renvoient constamment à la quête d'argent en évoquant directement et indirectement le fait que l'argent est une ressource aussi utile (pour acheter des produits ou des services et vivre des émotions) qu'elle est rare et inéquitablement distribuée (nous sommes entourés de plus riches et de plus pauvres que nous) et qu'il faut par conséquent savoir la gérer avec intelligence (en investissant au mieux son épargne, en profitant des promotions…). Cette focalisation forcée sur les problématiques économiques et financières conduit à un amorçage permanent de comportements égoïstes et visant à l'accumulation.

PRESTATIONS TARIFÉES

Qu'en est-il lorsqu'on est amené à penser que « le temps, c'est de l'argent » ? Cette phrase célèbre, Benjamin Franklin l'a écrite dans une lettre à un jeune marchand afin de lui expliquer le concept de coût d'opportunité : aux dépenses réelles s'ajoute le manque à gagner de ne pas avoir fait le meilleur usage (économique) de son temps.

Penser de la sorte conduit à vouloir optimiser l'usage de son temps sur le plan financier et à ne surtout pas le gaspiller, même… pour des activités agréables. Sanford DeVoe et Julian House, de l'université de Toronto, ont observé dans une expérience[III] que demander aux individus de calculer leur salaire horaire (à partir de leur salaire annuel et de leur temps de travail) avait pour incidence de diminuer le plaisir qu'ils avaient à écouter un magnifique morceau d'opéra (le début du « Duo des fleurs », tiré de *Lakmé* du compositeur français Léo Delibes) et d'augmenter leur impatience durant l'audition.

Cette observation expérimentale est corroborée par l'observation des comportements des professionnels payés à l'heure (avocat, consultant, barman…). Du fait de leur mode de rémunération, ils sont amenés à considérer plus que les autres que le temps équivaut à de l'argent, ce qui influence fortement leurs préférences et leurs attitudes. Dans les enquêtes ils se disent plus enclins à compter leur temps avec une comptabilité mentale identique à celle utilisée pour l'argent (par exemple, rattraper sur une activité le temps perdu sur une autre activité) et davantage désireux d'échanger de leur temps libre pour davantage d'argent[IV]. À l'inverse, il ressort de l'analyse de leurs emplois du temps qu'ils en consacrent moins (que leurs comparables payés au mois) aux activités qui n'offrent pas de récompense financière, par exemple le bénévolat[V]. Pourtant, comme la leçon n° 32 le montrera, il n'est pas sûr qu'ils puissent trouver un meilleur usage de leur temps.

En pratique, ce que vous pourriez faire...

▶ Vous poser chaque jour la question du meilleur usage possible de votre temps (libre).

▶ Vous ménager des moments loin des stimulations économiques (à la campagne, en forêt, dans un parc…).

▶ Bloquer une journée par mois pour faire une « remise à plat » durant laquelle vous questionnerez votre rythme de vie.

Conserver le goût des plaisirs simples

> *« Il faut apprendre à savourer les choses de la vie, sinon on court, on court et on meurt. Et on n'a rien vécu. »*
>
> Monica Bellucci

En plus de détourner l'individu des bienfaits de la vie sociale, l'amorçage de l'argent (qui a été présenté dans la leçon précédente) tend également à diminuer le bien-être tiré des petits plaisirs de la vie. C'est ce que montre une expérience menée par des chercheurs réunis autour de Jordi Quoidbach, de l'université de Liège[1], sur des étudiants de l'université de Colombie-Britannique à Vancouver. Il était demandé à ces étudiants de répondre à un premier questionnaire puis de déguster un morceau de chocolat et enfin de répondre à un second questionnaire. Dans cette expérience, la manipulation a consisté à faire varier entre deux groupes de participants la photo sur le classeur dans lequel était inséré le premier questionnaire : dans un cas, il s'agissait d'une photo représentant de l'argent, dans l'autre d'une photo neutre. Les chercheurs ont pu constater que les participants ayant eu sous les yeux l'image de l'argent ont pris 30 % moins de temps pour déguster leur morceau de chocolat (32 secondes, contre 45 secondes pour le groupe de contrôle) et ont signalé ensuite, dans le second questionnaire, y avoir pris moins de plaisir. Être amené à penser à l'argent diminuerait ainsi notre capacité à profiter des petits plaisirs de la vie.

LA CAPACITÉ À SAVOURER

Or la capacité à savourer a un impact positif sur les différentes composantes du bonheur, augmentant la fréquence et l'intensité des émotions positives et améliorant la satisfaction de la vie[II]. Malheureusement, plusieurs éléments peuvent entraver la capacité à prendre du plaisir à partir des événements vécus. Ces éléments peuvent être relatifs tant à la personnalité de l'individu qu'à son expérience personnelle ou aux circonstances des expériences. La répétition tend à diminuer l'impact des expériences positives (par rapport à la nouveauté) au même titre que l'impression d'abondance. Par exemple, les étudiants profitent davantage de leurs dernières semaines à l'université lorsqu'on leur fait considérer qu'il leur reste peu de temps avant la fin de leurs études et moins lorsqu'on les amène à voir celle-ci comme encore lointaine[III].

LE CONCEPT D'« ÉTIREMENT DES EXPÉRIENCES »

La comparaison avec des expériences supérieures peut aussi limiter l'impact émotionnel d'événements positifs. C'est en tout cas l'hypothèse soulevée par Daniel Gilbert dans son best-seller *Stumbling on Happiness*. Selon l'hypothèse d'« étirement des expériences », le fait d'avoir vécu dans le passé des expériences intenses tendrait à diminuer l'impact émotionnel de plaisirs plus simples (manger une glace, boire une bière, regarder un coucher de soleil…).

Aussi séduisante soit-elle, l'hypothèse n'a pas été directement testée. En revanche, un test indirect a été réalisé autour de la relation entre richesse et capacité à savourer. Si l'hypothèse de Gilbert était avérée, il serait alors vraisemblable que les plus riches profitent moins de ces petits plaisirs tant ils ont eu la possibilité dans leur vie de connaître des expériences extraordinaires : des voyages dans des lieux uniques, des restaurants étoilés, des activités inédites…

Le groupe de chercheurs autour de Jordi Quoidbach a testé cette prédiction sur un échantillon de 374 employés de l'université de Liège. Ils ont analysé la relation entre leur patrimoine, leur bonheur et leur capacité à savourer. La capacité à savourer était évaluée à partir d'un questionnaire s'intéressant aux comportements dans six situations types susceptibles de générer des émotions positives (passer un week-end romantique, faire de la randonnée et découvrir une magnifique chute d'eau, etc.). Il est ressorti de leur étude que les individus ayant une richesse importante ont tendance à moins savourer (c'est-à-dire à moins prolonger et intensifier les émotions positives générées par les événements agréables) que les autres et que cette moindre habileté a pour conséquence de réduire l'impact positif de leur richesse sur leur bonheur.

OPTER POUR UNE CONSOMMATION PAR PALIERS

L'effet de l'argent sur le bonheur apparaît ainsi paradoxal : l'argent permet de vivre des expériences inédites qui dopent le bonheur, mais vivre ces expériences déclasse les autres moments plaisants de la vie, diminuant le bonheur qu'on en tire. Plutôt que de se laisser aller à une gabegie d'expériences intenses lorsque nos moyens nous le permettent, il faudrait donc davantage opter pour une

consommation graduelle d'expériences nouvelles afin
de profiter au mieux de son « capital de jouissance ». Si
l'on n'a pas l'habitude d'aller dans des restaurants gastro-
nomiques, mieux vaut commencer par un restaurant
classé « une étoile » plutôt que se ruer sur un restaurant
« trois étoiles » au moment de toucher son bonus annuel.
Pour le néophyte, l'expérience aura de grandes chances
d'être mémorable, au même titre que les suivantes.

DÉVELOPPER SON SAVOIR-FAIRE HÉDONIQUE

Au-delà de l'organisation de nos expériences, nous dispo-
sons, riches comme pauvres, de différentes techniques pour
augmenter notre capacité à savourer. La recherche en psychologie hédonique a documenté plusieurs stratégies permettant de prolonger et d'intensifier ses émotions positives.

- *Ralentir son expérience :* la vitesse réduit mécaniquement
  la durée des moments agréables et diminue leur impact
  hédonique[IV].

- *Rester présent dans l'instant :* quand on focalise son attention sur une expérience, on augmente l'intensité avec
  laquelle on vit cette expérience et on augmente son
  impact hédonique[V]. Par exemple, les détenteurs de véhicules luxueux affichent une satisfaction de conduite
  supérieure uniquement lorsqu'ils pensent au véhicule
  qu'ils conduisent[VI]. L'attention étant primordiale, les
  individus pratiquant la méditation en pleine conscience
  vivent davantage d'émotions positives que les autres[VII].

- *Afficher ses émotions :* les émotions sont des expériences
  subjectives caractérisées par des changements physiologiques, expressifs et gestuels ainsi que par leur inter-
  prétation consciente. Appuyer les signes extérieurs de
  ses émotions positives (sourire, crier, sauter de joie…)
  permet par conséquent de les intensifier[VIII].

- *Prolonger la durée des expériences* : se préparer en anticipant les moments agréables puis se les remémorer (en
s'adonnant à de la rumination positive) permet d'étirer
leur impact[ix]. La pratique régulière de la gratitude (se
souvenir après coup des moments agréables et remercier la personne ou l'entité responsable) a également un
impact positif sur le bonheur[x].
- *Témoigner aux autres* : rapporter ses émotions positives
à ses proches et éventuellement célébrer à plusieurs les
événements agréables de la vie permet aussi de prolonger leur impact hédonique tout en renforçant les liens
sociaux[xi].
- *Tenir un raisonnement contrefactuel* : imaginer comment
sa vie aurait pu être moins agréable si les événements
positifs ne s'étaient pas produits accroît aussi les émotions positives que ces événements génèrent[xii].

Les études évaluant l'impact de ces techniques[xiii] ont
observé que certaines agissaient sur les émotions positives
(comme le focus ou la rumination positive), tandis que
d'autres influençaient la satisfaction de la vie (la communication aux autres). Prises ensemble, elles constituent un
kit complet pour augmenter le bonheur (dans ses différentes dimensions) ressenti à partir des événements du
quotidien.

En pratique, ce que vous pourriez faire...

- Prendre le temps d'apprécier vos consommations
quotidiennes.
- Vous remémorer vos petits plaisirs du jour le soir avant de
vous coucher. Et exprimer de la gratitude.
- Témoigner à vos amis les bons moments que vous avez
vécus (spectacles, concerts, week-ends...).

Interroger la place de l'argent dans sa vie

> *« Quand j'étais jeune, je croyais que, dans la vie, l'argent était ce qu'il y a de plus important. Maintenant que je suis vieux, je le sais. »*
> Oscar Wilde

Jamais avare d'un bon mot, Oscar Wilde a livré son verdict sur la place centrale de l'argent dans nos vies. Doit-on prendre cette vérité au sérieux ou ne faut-il y voir qu'un exemple de plus de la volonté de l'Irlandais de paraître iconoclaste ? Et si, au contraire, il fallait s'astreindre à minimiser l'importance de l'argent afin de se rapprocher du bonheur ?

En fait, de nombreuses études dans les années 1990-2000 sont arrivées à la conclusion que l'importance accordée au succès financier était négativement reliée au niveau de satisfaction de la vie, comme elle l'est d'ailleurs à l'estime de soi et au sentiment de réalisation de soi[i]. En revanche, la centralité de l'argent serait positivement associée au risque de dépression, ainsi qu'aux crises d'anxiété et à différents désordres comportementaux… Jeune comme vieux, Oscar Wilde était peut-être juste dépressif.

© Groupe Eyrolles

ATTENTION À LA PERTE DE CONTRÔLE...

Comment expliquer cette influence apparemment néfaste de la centralité de l'argent sur le bonheur ? Deux lignes d'explication se dégagent. D'une part, accorder une place centrale à l'argent conduit souvent à ressentir un abandon du contrôle sur sa vie puisque la réussite va dépendre de l'action d'autres personnes (l'employeur, les clients, les collègues...) et de circonstances extérieures (la conjoncture économique, les politiques fiscales...). Ce qui ne serait pas le cas de quelqu'un qui centrerait sa vie sur le dessin, par exemple. Rien ne pourrait l'empêcher de réaliser son unique objectif : dessiner.

De même, l'individu centré sur l'argent risque de ressentir un abandon du « lieu de l'évaluation » de sa vie puisque le succès financier peut être mesuré par les autres également, avec leurs propres référentiels. On peut estimer avoir un grand succès financier tandis que l'entourage, lui, y voit une réussite médiocre. La satisfaction de la vie s'en ressentira. L'individu passionné de voyages, en revanche, est le seul à pouvoir évaluer s'il a été comblé par son trek dans la cordillère des Andes.

Or, le « lieu de contrôle[1] » et le « lieu de l'évaluation » sont deux perceptions qui influencent fortement le bonheur de l'individu, des lieux internes étant reliés à un bonheur supérieur par rapport à des lieux externes.

---

1. Découvert en 1954 par le psychologue Julian Rotter, le lieu de contrôle d'un individu est sa disposition à considérer que les événements qui l'affectent sont le résultat de ses propres actions (lieu de contrôle interne) ou au contraire de facteurs extérieurs (lieu de contrôle externe). Disposition stable et partie intégrante de la personnalité, le lieu de contrôle est néanmoins affecté par les circonstances et par l'histoire personnelle de l'individu.

Les lieux internes favorisent une sensation d'autonomie, laquelle fait partie des composantes fondamentales du bien-être psychologique.

... ET À L'EFFET D'ÉVICTION

D'autre part, centrer sa vie autour de la réussite financière pousse à négliger des activités qui ne sont pas directement reliées au succès financier mais qui sont intrinsèquement gratifiantes parce qu'elles répondent à des besoins humains fondamentaux[II] : les relations intimes et familiales, les expériences de vie, l'accomplissement de tâches qui donnent un sens à l'existence (comme le bénévolat, les productions artistiques...) et pour lesquelles on démontre une compétence. Il n'est pas étonnant d'observer que les personnes affichant un désir important d'argent sont en général moins satisfaites de leur vie de famille comme de leur travail[III].

AUX SOURCES DU DÉSIR D'ARGENT, DES MOTIVATIONS MULTIPLES

Les personnes obsédées par la réussite financière sont-elles pour autant condamnées à un bonheur médiocre ? Si les résultats des études pionnières le laissent entendre, d'autres études qui différencient les différents motifs sous-jacents au désir d'argent invitent à nuancer le propos. L'argent peut être recherché pour différentes raisons : pour atteindre un niveau de vie somptueux, réaliser de grandes choses, frimer, avoir du pouvoir sur les autres, répondre à des normes sociales, combler un manque d'estime de soi, etc. Or il semblerait que tous ces motifs ne se valent pas. Les chercheurs ont observé que certains motifs tendaient à diminuer le bonheur, tandis que d'autres n'avaient pas d'impact, voire avaient un impact légèrement positif. Les motifs négatifs sont notamment ceux visant à améliorer la perception qu'a l'individu de sa valeur par rapport aux autres, c'est-à-dire les motifs liés à la comparaison sociale (le statut, le pouvoir, la consommation ostentatoire…). Inversement, les motifs ayant un impact (modérément) positif sur le bonheur sont ceux liés à la recherche de fierté personnelle, de sécurité et de juste récompense de l'effort[IV].

Ces résultats sur les motifs à la base du désir d'argent confirment ceux de travaux plus larges montrant que le contenu des objectifs visés par les individus, au même titre que le type de motivation les sous-tendant, influence leur niveau de bonheur[V]. Lorsque les objectifs ont un contenu très personnel (conforme aux valeurs profondes de l'individu et à son identité) ou sont motivés intrinsèquement (l'individu les poursuit de manière autonome), ils tendent à élever le niveau de bonheur. Et inversement pour les objectifs au contenu ou à la motivation externes.

Une étude plus récente a ajouté un nouveau motif de désir d'argent à la liste de ces motifs négatifs qui tendent à grever le niveau de bonheur : la quête du bonheur ! Toutes choses égales par ailleurs, ceux qui veulent de l'argent en vue d'atteindre un niveau de bonheur supérieur finissent par être… moins heureux que les autres[VI]. C'est là un des paradoxes du bonheur (qui sera présenté dans la synthèse finale) : il tendrait à fuir celui qui le cherche avidement[VII].

UN NOUVEAU CHEMIN DE CROIX

Le deuxième bémol à l'idée que la soif d'argent serait néfaste pour le bonheur est que les études qui aboutissent à cette conclusion s'intéressent à la sensibilité du bonheur aux objectifs poursuivis par l'individu, en isolant ce déterminant de toutes les autres variables explicatives du bonheur, et notamment du niveau de revenu. Or ce dernier est influencé par les objectifs que l'individu s'assigne. Et il a été observé, de manière plutôt intuitive, que les individus avides de réussite financière et matérielle tendent à gagner plus que les autres, ce qui finit par élever leur niveau de bonheur à long terme. Par conséquent, l'impact négatif du désir d'argent tend à se réduire à mesure que les revenus des individus augmentent[VIII]. S'ils augmentent…

En guise de conclusion, le désir d'argent ne conduit pas nécessairement à un bonheur amputé. Néanmoins, il constitue souvent un chemin très indirect vers le bonheur, qui demande un effort important et soutenu dans la durée pour un résultat lointain et largement incertain. Pendant que d'autres vivent le bonheur au présent en répondant sans attendre à leurs besoins fondamentaux, l'individu avide de succès financier s'imagine préparer son bonheur futur. Puisse-t-il avoir raison.

En pratique, ce que vous pourriez faire…

▶ Questionner l'importance et l'origine de votre désir de gagner beaucoup d'argent.
▶ Mesurer à quel point cette quête est personnelle et participe de votre identité et de vos valeurs.
▶ Lister vos différents objectifs personnels et évaluer si la soif d'argent et de réussite sociale est en train de prendre le pas sur ces autres objectifs.

Devenir propriétaire à son rythme

> *« N'est pas un homme accompli celui*
> *qui ne possède pas un lopin de terre. »*
> Proverbe hébreu

Faut-il louer ou acheter ? Pour répondre à cette question fondamentale, un conseiller financier porterait attention aux différentes variables économiques pertinentes : les taux d'intérêt, le taux de rendement locatif, l'inflation attendue, les coûts d'entretien, les impôts et taxes, etc. Un économiste du bonheur, lui, regardera l'influence du statut face au logement sur le bien-être déclaré.

Or, il ressort des études en coupe instantanée que les propriétaires sont légèrement plus heureux que les locataires, même après contrôle des différences de revenus[1]. Malheureusement, les études ne prennent jamais en compte le niveau du patrimoine. Or, les propriétaires ont une fâcheuse tendance à accumuler dans le temps plus de patrimoine que leurs comparables locataires (comme le rappellerait le conseiller financier…). Dès lors, il est impossible de dire si l'effet observé relève du statut de propriétaire ou de la richesse accumulée.

D'autres résultats laissent toutefois penser que devenir propriétaire apporte en soi son lot de bienfaits psychologiques.

Quand on suit des cohortes dans le temps, les personnes qui deviennent propriétaires affichent un surplus de satisfaction de la vie par rapport à celles, comparables, qui sont restées locataires[II]. De même, les propriétaires qui ont déclaré avoir acheté dans l'année sont plus heureux que les propriétaires dont l'acquisition remonte à des temps plus anciens[III].

Le tour du propriétaire

Il y a donc, au moins à court terme, un effet positif de l'accession à la propriété. Outre l'avantage économique, lequel se fait davantage sentir à mesure que le temps passe, plusieurs mécanismes sont susceptibles d'expliquer cet effet :
- une meilleure qualité du logement ;
- une plus grande implication sociale au niveau local ;
- une sensation de maîtrise de sa vie ;
- une estime de soi rehaussée, couplée à un statut social amélioré.

Commençons par le logement en lui-même. Les propriétaires sont en général davantage satisfaits de leur logement que les locataires. D'ailleurs, les personnes qui achètent le logement qu'ils occupaient en tant que locataires voient leur satisfaction vis-à-vis de ce logement augmenter durant l'année suivant l'acquisition[IV]. Cela se produit sans doute parce qu'ils y font des travaux qui rendent le logement plus adapté à leurs besoins, leurs envies et leurs goûts. Par ces travaux, leur logement a peut-être aussi changé de statut à leurs yeux, devenant un marqueur de leur identité.

Sortons du logement et sillonnons maintenant le voisinage. Là aussi les propriétaires se disent davantage satisfaits que les locataires. Une explication proposée et validée par la recherche est que les propriétaires s'impliquent davantage dans la vie de quartier[v], que ce soit dans les associations ou dans les institutions politiques locales. Intéressés financièrement par les évolutions de leurs quartiers (la valeur de revente du bien en dépendra) et ayant aussi l'intention d'y rester plus longtemps, les propriétaires s'engagent davantage.

DES BIENFAITS CONDITIONNELS

La plus grande implication des propriétaires dans et en dehors du logement alimente chez eux une sensation de maîtrise agréable. Du moins quand tout va bien, car l'effet peut très bien s'inverser, par exemple lorsque le propriétaire assiste impuissant à la dégradation ou à la montée de la délinquance dans son quartier[vi]. L'effet de la propriété sur la sensation de maîtrise est globalement ambigu et largement conditionnel au voisinage. D'un côté, par rapport au locataire, le propriétaire est plus autonome. Grâce à son droit de propriété, il a un contrôle total sur les opérations de maintenance, d'amélioration et de transformation de son logement, tout en étant le seul décideur du moment où il devra quitter les lieux. D'un autre côté, il voit son patrimoine et sa qualité de vie soumis aux évolutions du marché immobilier (local et national) ainsi qu'aux décisions de ses voisins et de ses éventuels copropriétaires. Et il peut se sentir submergé, financièrement et logistiquement, par les travaux à effectuer quand le logement est dans un état moyen ou vétuste. En Allemagne, avoir des travaux importants à effectuer dans son logement fait plus que compenser l'effet positif de la propriété, surtout chez les personnes dont les mensualités du crédit immobilier imposent une tension budgétaire forte[vii]. L'effet sur

l'estime de soi et le prestige social est tout aussi conditionnel. L'accès à la propriété est un signe intérieur ou
extérieur de réussite, uniquement pour ceux qui en ont
besoin. En cela, il n'est pas étonnant d'observer que la
propriété immobilière augmente la satisfaction de la vie
uniquement chez ceux qui ont une situation socio-économique modeste[VIII]. Les personnes avec des revenus élevés savent qu'elles peuvent acheter, et leurs proches aussi.
Et n'ont pas nécessairement à s'y résoudre.

Enfin, un autre facteur vient donner une coloration particulière à l'achat d'un logement : la situation matrimoniale.
L'effet positif de la propriété sur le bonheur est beaucoup
plus net pour les personnes en couple que pour les personnes seules[IX]. Pour les couples, l'achat d'un logement a
une dimension encore plus symbolique.

PROPRIÉTAIRES IMMOBILES

La propriété immobilière a tendance en revanche à rendre
les propriétaires plus… immobiles. Il a été observé que les
propriétaires passaient moins de temps que les locataires
en dehors de leur logement, préférant le cocooning aux
activités sociales. Ce qui a une conséquence sur leur bien-
être émotionnel et aussi sur leur poids ! Une étude[X] sur
des femmes de la ville de Columbus dans l'Ohio (États-
Unis) a ainsi obtenu que dans l'échantillon observé (plus
de 800 personnes), celles qui étaient propriétaires de leurs
logements pesaient en moyenne cinq kilos de plus que les
autres.

Sur le marché du travail aussi, les propriétaires peuvent
pécher par excès d'immobilité. C'est en tout cas l'hypothèse proposée par l'économiste Andrew Oswald de
l'université de Warwick qui, observant à la fin des années

1990 une augmentation simultanée du taux de chômage structurel et du taux de propriété immobilière dans les pays de l'OCDE sur plusieurs décennies, a considéré que le second était la probable cause du premier. Des travaux sur des données individuelles ont depuis validé partiellement cette intuition. Les propriétaires ont effectivement tendance à moins chercher des emplois en dehors de leur bassin de population, sans doute du fait de coûts de déménagement supérieurs (puisqu'ils ont davantage investi que les locataires dans la transformation, la décoration et le mobilier de leur logement). Mais ils s'impliquent parallèlement davantage dans la recherche d'emploi au niveau local. Tout compte fait, ce sont les propriétaires ayant un crédit immobilier à rembourser qui restent le moins longtemps au chômage[xi], en contradiction totale avec l'intuition d'Oswald. Rien ne dit, en revanche, s'ils parviennent à trouver des emplois qui leur conviennent autant que ceux des locataires plus mobiles…

En pratique, ce que vous pourriez faire…

- ▷ Avant d'acheter votre résidence principale, vérifier que les remboursements mensuels ne mettent pas votre budget en tension excessive.
- ▷ Vérifier aussi que l'apport personnel ne consommera pas toute votre épargne disponible (voir leçon n° 21).
- ▷ Sinon, opter pour une plus petite surface ou rester locataire. Vous sortirez davantage et vous verrez vos amis plus souvent.
- ▷ Vous renseigner sur l'habitat participatif (la construction de logements à plusieurs) qui permet d'acquérir un logement neuf à des prix inférieurs au marché.
- ▷ Si vous êtes d'un tempérament anxieux, ne pas choisir un bien avec trop de travaux à effectuer.

© groupe Eyrolles

PARTIE 2

CONSOMMER POUR ÊTRE HEUREUX ?

Attendre avant de changer de voiture

« Le plaisir étant éphémère, et le désir durable, les hommes sont plus facilement menés par le désir que par le plaisir. »

Gustave Le Bon

Vous rêvez de cette nouvelle voiture plus grande, plus spacieuse, plus luxueuse. Vous imaginez à quel point vous seriez heureux de la conduire. À côté, votre vieille voiture, qui certes roule toujours parfaitement, ne peut évidemment pas tenir la comparaison avec ses vitres manuelles et son radiocassette. D'ailleurs, cela fait bien longtemps que vous ne ressentez plus rien de positif lorsque vous êtes amené à penser à elle.

Pour autant, devez-vous changer de voiture ? Si l'on se réfère à vos projections, sans aucun doute. Mais le plaisir que vous anticipez reflète-t-il le plaisir que vous prendrez effectivement ? Et ce plaisir de conduire vous rendra-t-il globalement plus heureux ? C'est loin d'être sûr. Plusieurs études ont obtenu que l'effet sur le bonheur de l'achat de biens matériels, même durables, était très éphémère.

PENSER OU CONDUIRE

C'est notamment le cas pour les voitures. Le plaisir que l'on prend au volant dépend beaucoup moins de la voiture conduite que ce que l'on imagine. Deux chercheurs[1] de l'université du Michigan ont comparé les émotions que les conducteurs de différents types de véhicules rapportent ressentir durant des trajets précis à des évaluations plus théoriques.

Quand des étudiants ont été questionnés sur ce qu'ils ressentiraient s'ils conduisaient une BMW (soit un véhicule haut de gamme), une Honda Accord (milieu de gamme) ou une Ford Escort (entrée de gamme), leurs réponses ont montré un niveau d'émotions positives qui allait crescendo avec la valeur du véhicule et un niveau d'émotions négatives qui, lui, était inversement corrélé avec la valeur du véhicule. Ces anticipations reflètent particulièrement bien les émotions que rapportent les conducteurs de véhicules lorsqu'ils font une évaluation globale et hors contexte de ce qu'ils ressentent au volant. Précisément, les chercheurs ont demandé aux employés de l'université du Michigan et à des répondants à une enquête sur Internet de rapporter quels véhicules ils conduisent (en indiquant la marque, le modèle et l'année) et comment ils se sentent généralement lorsqu'ils conduisent leur véhicule. Comme pour les conjectures des étudiants, leur réponses ont été fortement dépendantes de la valeur du véhicule. Mais ce n'est vrai que pour les impressions générales. Pour les émotions ressenties durant des trajets précis, le constat est tout autre. Lorsqu'il a été demandé aux conducteurs de se souvenir précisément de leur dernier trajet en voiture et de renseigner leurs émotions durant ce trajet, les réponses ont montré cette fois que les émotions ressenties étaient *indépendantes* de la valeur du véhicule.

Ce qui amène les chercheurs à la conclusion que le plaisir de la conduite dépend du véhicule conduit uniquement lorsque notre attention se porte sur le véhicule. C'est le cas lorsqu'un chercheur pose une question sur les émotions ressenties à conduire le véhicule. Cela l'est également quand le propriétaire est amené à penser à son véhicule, par exemple lorsqu'il en parle dans un dîner. Mais il est probable que ce ne soit pas le cas lorsqu'il conduit le véhicule réellement (même si l'évaluation émotionnelle au volant n'a pas pu être réalisée pour des raisons de sécurité…). Lorsque l'on conduit, de multiples pensées envahissent notre esprit et les caractéristiques du véhicule ne font plus guère de différence.

L'objectif du trajet est un des sujets qui alimentent les réflexions et déterminent largement le bien-être ressenti au volant. Dans l'enquête menée sur Internet, les internautes ont clairement affiché un niveau de bien-être supérieur lorsqu'ils ont rapporté avoir conduit pour le plaisir (une balade) que lorsqu'ils ont conduit pour se rendre au travail. Et c'est d'ailleurs dans ces seuls (et rares) trajets pour le plaisir que la valeur du véhicule a fait une différence significative sur les émotions au volant. Le reste du temps, les turpitudes du quotidien accaparent les pensées des conducteurs et les laissent dans le même état émotionnel, qu'ils conduisent une grosse ou une petite voiture.

On peut imaginer d'autres situations où le véhicule appelle constamment l'attention, par exemple s'il s'agit d'une voiture neuve à laquelle le conducteur n'est pas (encore) habitué ou au contraire d'une vieille guimbarde dont les grincements ne peuvent passer inaperçus.

L'ADAPTATION À L'AUTO ET AU LOGEMENT

On ne changerait donc pas beaucoup ses émotions quotidiennes à changer de voiture. Qu'en serait-il de la satisfaction de la vie ? Grimpe-t-on en bonheur lorsqu'on monte en gamme ? Peut-être, mais seulement à court terme. À cause de l'habituation, le surcroît de bonheur qu'offre l'achat d'un nouveau véhicule ne dure pas longtemps. À partir de données de panel anglaises, Johannes Emmerling et Salmai Qari, respectivement chercheurs à l'École d'économie de Toulouse et à l'Institut Max-Planck, à Munich, ont observé une baisse constante de la satisfaction de la vie qui débute dès l'année d'achat d'un nouveau véhicule et continue jusqu'à trois ans après[II]. Et l'effet est loin d'être anodin. Trois ans après l'acquisition, le reflux de la satisfaction de la vie équivaut à un quart de la différence de bien-être constatée entre actifs et chômeurs. La meilleure période pour le bonheur est sans doute celle qui précède l'achat, lorsqu'on imagine (en exagérant) à quel point la vie sera plus agréable avec la nouvelle voiture.

Ce qui est observé pour les voitures l'est aussi, mais d'une manière un peu différente, pour les logements. Lorsqu'on questionne les gens sur leur satisfaction vis-à-vis de leur logement, ceux qui viennent de déménager (pour un logement de meilleure qualité) rapportent une satisfaction fortement améliorée l'année de leur déménagement, puis une légère et constante érosion les cinq années suivantes. En revanche, la satisfaction de la vie en général, elle, n'augmente pas avec le déménagement. C'est ce qu'a observé une équipe de chercheurs nippo-américano-canadienne[III] à partir de données allemandes. Les chercheurs considèrent que l'impact nul d'un meilleur logement sur la satisfaction de la vie tient à l'adaptation rapide au logement, à la plus grande tension financière que le changement a provoquée et au fait que le logement est une composante finalement mineure dans les jugements des individus sur leur vie.

Les résultats de ces études sur l'automobile et le logement laissent penser que nous avons tendance à surinvestir dans les biens durables dont l'impact sur notre bonheur est, au mieux, éphémère, tandis que l'impact sur les finances est, lui, tout ce qu'il y a de plus durable. L'erreur semble provenir à la fois d'une sous-estimation de l'effet de l'adaptation à ces biens et d'une illusion focale nous poussant à surestimer la part que ces biens peuvent prendre dans notre bonheur.

LA CONSOMMATION TRISTE...

Dès les années 1970, l'économiste hongro-américain Tibor Scitovsky avait souligné dans son livre *L'Économie sans joie* (*The Joyless Economy*) l'effet négatif pour le bonheur de la surconsommation dans les pays occidentaux de « biens de confort » (qui incluent le logement, l'automobile, le mobilier, l'électroménager, l'équipement de la maison, etc.) auxquels on s'adapte vite. Pour Scitovsky, cette surconsommation se fait au détriment des « biens de plaisir » qui ont le potentiel pour offrir des expériences intenses. Selon lui, ces choix de consommation sont néfastes pour le bonheur car le plaisir naît de la résolution de l'inconfort. En s'interdisant tout inconfort, les ménages riches des pays occidentaux s'empêchent également de ressentir tout plaisir, ce qui grève leur bonheur.

Trente ans après, les études empiriques confirment en partie ce diagnostic en montrant l'incapacité des biens de confort à augmenter durablement notre bonheur, malgré l'appétit que l'on a pour eux. Et confortent l'idée que plaisir et désir sont deux choses différentes. Si d'ordinaire on aime effectivement ce que l'on a fortement désiré, ce n'est toutefois pas systématique. On peut intensément désirer des choses qui ne procureront pas de plaisir et, inversement, aimer des choses que l'on n'avait pas désirées. Les études neurobiologiques sur le système de la récompense suggèrent d'ailleurs que le désir et la satisfaction s'appuient sur des ensembles neuronaux distincts[1].

… ET SES DÉGÂTS INUTILES

Si les biens matériels n'ont pas d'impact significatif (en dehors du court terme) sur le bonheur individuel, ils en ont un beaucoup plus prononcé sur l'environnement. La Fondation pour une nouvelle économie (New Economics Foundation), un *think tank* britannique qui œuvre à la promotion d'un nouveau modèle économique soutenable pour la planète, a comparé l'empreinte écologique des ménages européens et leur satisfaction de la vie.

Il en est ressorti un résultat très clair : la satisfaction de la vie n'augmente pas avec l'intensité de la consommation matérielle et son corollaire, l'empreinte écologique. Les ménages ayant l'empreinte la plus importante (dont les pratiques de consommation, si elles étaient généralisées, nécessiteraient que l'on occupe l'équivalent de six planètes Terre…) affichent une satisfaction de la vie autour de 7 sur 10, c'est-à-dire équivalente de celle des ménages ayant une empreinte six fois plus faible !

---

1. Ainsi la dopamine, que l'on a longtemps considérée comme le neurotransmetteur du plaisir, est maintenant rattachée au système du désir et de la motivation.

© groupe Eyrolles

Figure 10. La satisfaction de la vie
et l'empreinte écologique en Europe

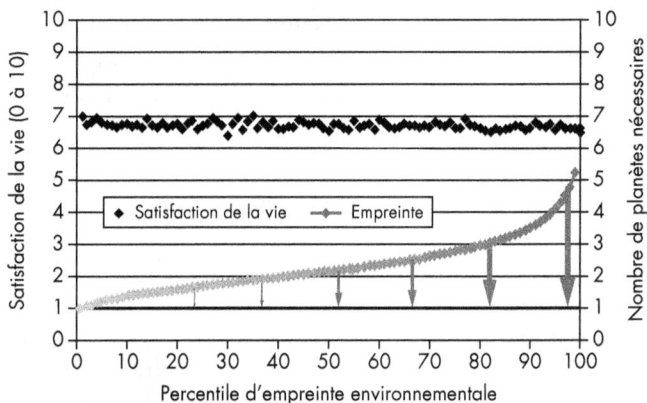

Dans le référentiel bonheur-impact environnemental, la consommation matérielle affiche un rendement médiocre. Les pays dont le niveau de développement et le modèle de société entretiennent une consommation importante sont d'ailleurs à la traîne dans les classements internationaux qui prennent en compte ces deux dimensions. C'est le cas par exemple d'un indicateur de bonheur durable (*Happy Planet Index*, HPI) calculé pour chaque pays par la New Economics Foundation de la manière suivante :

$$\text{indice de bonheur durable (HPI)} = \frac{(\text{bonheur moyen}) \times (\text{espérance de vie})}{(\text{empreinte environnementale})}$$

Le bonheur moyen de chaque pays est obtenu à partir des réponses au *Gallup World Poll* (sur l'évaluation de la vie). L'estimation de l'espérance de vie est celle des Nations unies. Enfin, l'empreinte environnementale est calculée par le WWF et représente le nombre d'hectares de terres nécessaires pour répondre à la consommation d'un habitant du pays (selon les rendements moyens observés à l'échelle de la planète).

Sur la base de cet indicateur, ce sont les pays d'Amérique latine (au niveau de vie intermédiaire) qui arrivent devant, Costa Rica en tête. Les pays riches sont loin derrière, leur avance en termes de bonheur et d'espérance de vie ne compensant pas leur empreinte écologique très supérieure. Les premiers pays riches, la Nouvelle-Zélande et la Norvège, figurent aux 28e et 29e rangs mondiaux. La France, 24e pour le bonheur, n'est que 50e en HPI, pénalisée comme tous les pays riches par une empreinte écologique excessive (4,9 hectares nécessaires par habitant, soit le 125e rang sur 151 pays). Les pays les plus consommateurs de ressources, notamment les pays du Golfe (plus de 11 hectares nécessaires par habitant du Qatar !) et les États-Unis (7,2 hectares), se situent logiquement en queue de classement. Dans ces pays, le bien-être physique et psychique des individus se paie au prix écologique le plus fort.

Toutes les consommations ne sont toutefois pas vouées à ce triste bilan. Il existe d'autres types de biens avec une empreinte hédonique importante et une empreinte environnementale réduite. Les biens expérientiels en font partie.

En pratique, ce que vous pourriez faire…

◗ Avant de changer de voiture, réfléchir à l'argent que vous économiseriez chaque mois en conservant celle que vous avez. Et penser à tous les plaisirs et toutes les expériences que vous pourriez vivre avec cet argent.

◗ Faire de même pour le logement.

◗ Observer le ratio entre les dépenses mensuelles pour les « biens de confort » et les dépenses pour les « biens de plaisir ». Si les premières dépassent systématiquement les secondes, demandez-vous pourquoi vous privilégiez à ce point le confort.

Leçon n° 13
Rechercher les expériences

> « *Les expériences ne se présentent qu'à ceux qui peuvent les vivre.* »
> Paul Auster

Il existe une catégorie de biens à part, les biens dits « expérientiels ». Ce sont des biens qui ont le potentiel de procurer des expériences fortes à ceux qui les possèdent (ou, mieux dit, qui les vivent) *via* leurs caractéristiques intangibles : les émotions qu'ils génèrent, les rêves qu'ils évoquent, les symboles qu'ils représentent, les souvenirs qu'ils font remonter, etc. Dans cette catégorie, on peut donc ranger les voyages, les concerts, les représentations de théâtre, les repas au restaurant (pour les gastronomes), etc.

Leaf Van Boven et Thomas Gilovich, chercheurs respectivement à l'université du Colorado et à Cornell, ont réalisé plusieurs études pour analyser la différence entre biens matériels et biens expérientiels s'agissant de l'impact sur le bonheur. Dans l'une d'entre elles, les chercheurs ont analysé les réponses à une enquête téléphonique nationale conduite par Harris Interactive auprès de près de 1 300 Américains. L'enquête portait sur les attitudes des répondants par rapport au planning financier, mais comportait deux questions sur des achats importants, matériels et expérientiels, ayant eu vocation à améliorer leur bonheur. Les répondants devaient enfin renseigner lequel des deux achats avait finalement eu l'impact le plus positif sur leur bonheur. Au total, 57 % des répondants ont répondu que c'était le bien expérientiel (voyage, concert, activité sportive…), contre 34 % le bien matériel (vêtement, bijou, high-tech…). Dans toutes les catégories de population étudiées, quels que soient le sexe, l'âge, le revenu, le lieu d'habitation, la situation matrimoniale…, les biens expérientiels ont été davantage cités que les biens matériels. On notera que l'écart est ressorti beaucoup plus important chez les personnes à revenus élevés que chez les personnes à faibles revenus, sans doute parce que plus on est riche, moins les biens matériels ont de chances de répondre à un quelconque besoin fondamental qui ne serait pas encore assouvi.

HAPPY DAYS

Dans une autre étude, Van Boven et Gilovich ont voulu tester expérimentalement si la remémoration de l'achat de biens matériels avait le même impact sur l'humeur que le souvenir de l'achat de biens expérientiels. L'expérience s'est déroulée en deux temps, à une semaine d'intervalle.

Dans le premier temps, les participants à l'expérience ont dû : a) répondre à un questionnaire en apparence anodin (visant en fait à évaluer leur humeur du moment) ; b) écrire un petit texte sur l'achat d'un bien (matériel pour un groupe, expérientiel pour un autre) dont ils avaient été contents.

La semaine suivante, les participants ont été de nouveau sollicités pour : 1. relire le texte qu'ils avaient écrit ; 2. renseigner à quel point repenser à leur l'achat les rendait heureux ; 3. répondre de nouveau au questionnaire sur leur humeur.

Il en est ressorti que les participants du groupe sur les biens expérientiels se sont dits plus heureux en repensant à leur achat que les participants du groupe sur les biens matériels, que l'écart entre leur humeur lors de la deuxième séance (après avoir relu le petit texte) et lors de la première séance (avant d'avoir écrit le texte) était également supérieur, et que ces deux mesures étaient positivement corrélées. Les chercheurs en ont conclu que le simple fait de repenser à des achats de biens expérientiels avait tendance à booster l'humeur davantage que de repenser à des acquisitions matérielles.

ÉPOPÉE PERSONNELLE

Comment expliquer l'impact supérieur des biens expérientiels sur le bonheur ? Plusieurs équipes de chercheurs se sont penchées sur cette question et ont fourni une explication détaillée qui s'appuie sur des raisons multiples.

- Les biens expérientiels favorisent plus les relations sociales que les biens matériels, pendant leur consommation et également ensuite, lorsqu'on en parle avec d'autres personnes[i]. On a plus de chances de faire des rencontres lors d'un cours de salsa que par l'intermédiaire de sa dernière paire de chaussures.
- Les expériences étant subjectives et uniques, elles rendent les comparaisons et le regret plus difficiles[ii]. Comment comparer un safari au Kenya avec un séjour dans un hôtel de luxe à Bali ?
- Les biens expérientiels, par leur incertitude inhérente, permettent une anticipation plaisante en amont de l'expérience vécue. En feuilletant guides touristiques

et magazines tendance, on peut imaginer longtemps à l'avance tout ce que l'on va faire lors de son premier week-end à Londres.

- Les expériences laissent souvent davantage de souvenirs que les achats matériels. Et comme le répète souvent, en grand sage, un de mes bons amis : « Les souvenirs, il faut aller les chercher. » D'ailleurs les expériences permettent davantage une rétrospection enjolivée[III]. Il n'est pas rare d'aimer requalifier *a posteriori* un voyage calamiteux plein de péripéties désagréables en une épopée intense et finalement enrichissante, laquelle fera un excellent sujet de conversation dans les dîners.

- Enfin, pour toutes ces raisons, on tend à considérer les expériences comme étant davantage partie prenante de notre identité que les biens matériels[IV]. On s'identifie bien plus à ce que l'on a fait qu'à ce que l'on a possédé.

Testez-vous : quelle place accordez-vous aux nouvelles expériences ?

Une façon de le savoir est de mesurer la part de votre budget (hors dépenses contraintes) que vous consacrez à des expériences nouvelles, susceptibles de vous émouvoir, de vous surprendre, voire de vous transformer.

Cette « part expérientielle » peut se calculer chaque mois de la manière suivante :

$$\text{Part expérientielle} = \frac{\text{(dépenses expérientielles)}}{\text{(dépenses totales)} - \text{(dépenses contraintes)}} = \underline{\quad} \%$$

Les dépenses contraintes représentent toutes les dépenses que l'on est obligé de contracter pour vivre normalement (logement, alimentation, habillement, transports, santé…). Pour ces différents postes de dépenses, il faut prendre en compte un niveau normal de dépenses plutôt que les dépenses effectivement réalisées, lesquelles reflètent déjà des choix personnels (la taille du logement, la marque des vêtements, etc.). Vous pouvez estimer ce niveau normal en menant une enquête auprès de vos proches (qui partagent la même configuration familiale) par exemple.

Ainsi construit, cet indicateur prend des valeurs comprises entre 0 et 100 %. S'il ressort très faible mois après mois, votre vie manque sans doute de stimulants et vous avez devant vous un levier important pour améliorer votre bonheur.

Un même exercice peut être réalisé à partir du temps libre, en rapportant le temps consacré aux expériences à l'ensemble de votre temps libre. Devez-vous repenser aussi la façon dont vous occupez votre temps libre ?

PRISE DE RISQUES

Alors, si l'on est d'accord avec l'observation de Scitovsky, comment expliquer que nous privilégions tant les biens matériels (voiture, vêtement, mobilier, etc.) aux dépens des biens expérientiels ? On peut s'aventurer à fournir quelques raisons.

D'une part, parce que nos achats ne répondent pas uniquement à une démarche consciente de recherche du bonheur. Ils peuvent viser d'autres objectifs (le statut social, l'appartenance à un groupe…) ou refléter des habitudes de consommation (décompresser en faisant les boutiques de mode). Les expériences, par définition, nécessitent au contraire de rompre avec ses habitudes. Cela implique un effort que l'on est peu capable de faire dans certaines circonstances, par exemple lorsqu'on est fatigué, stressé ou lorsqu'on a l'esprit mobilisé par un problème.

D'autre part, les expériences se heurtent aux préférences de court terme de l'individu. Elles impliquent un effort initial et mettent l'individu en situation de risque, or la plupart des individus affichent une aversion significative au risque et aux désagréments immédiats. Elles comportent généralement des points positifs (la nouveauté, les rencontres) et négatifs (le risque d'échouer, d'être ridicule…), or le négatif influence davantage les décisions que le positif, du fait de l'aversion aux pertes[1].

Pour dépasser ces obstacles, une solution est de planifier à l'avance ses futures expériences. Cela permet de ne pas se laisser emporter par ses habitudes. Qui plus est, lorsqu'on prend une décision qui se matérialisera dans le futur, on a tendance à considérer les différentes options à partir de leurs critères essentiels et non sur la base des petites contingences. Plusieurs mois en amont, une initiation au surf à Biarritz, c'est avant tout la découverte d'un nouveau sport et de nouvelles sensations. Une heure avant, c'est juste la perspective de rester deux heures dans de l'eau à 15 °C… En organisant à l'avance ses futures expériences, on rend plus facile le passage à l'acte, puisque les petits tracas s'effacent devant les apports fondamentaux pour soi[iv].

En pratique, ce que vous pourriez faire…

- ▶ Évaluer la part de vos dépenses mensuelles dévolue aux expériences (voir encadré « Testez-vous »).
- ▶ Questionner si cette part coïncide avec l'image que vous avez de vous-même et avec vos valeurs.
- ▶ Consacrer un moment à chaque début de mois pour planifier, organiser et réserver les expériences du mois.

---

1. L'aversion aux pertes est la tendance généralisée à faire davantage (environ deux fois plus) attention aux pertes qu'aux gains (de même amplitude) avant de prendre une décision risquée. Le concept a été popularisé par les psychologues Daniel Kahneman (Prix Nobel d'économie 2002) et Amos Tversky à la fin des années 1970.

Leçon n° 14
Consommer ensemble

> *« Plaisir non partagé n'est*
> *plaisir qu'à moitié. »*
> Proverbe français

S'il est bien un résultat qui ne souffre aucune contestation dans les sciences du bonheur, c'est que les relations sociales sont déterminantes pour le bonheur. Année après année de multiples courants de recherche apportent des résultats qui confortent l'idée que l'homme est définitivement un animal social.

Ainsi, les gens qui participent régulièrement à des activités sociales tendent à être plus heureux que ceux qui le font moins fréquemment[I]. Les activités de loisir à plusieurs augmentent plus le bonheur que les loisirs solitaires[II]. Participer chaque jour à des activités avec des personnes que l'on apprécie, par exemple au travail, est un des prédicteurs les plus fiables du bonheur[III]. Les seules dépenses des ménages qui soient significativement corrélées avec leur bonheur sont les dépenses de loisir et les dépenses liées à un véhicule, mais uniquement lorsque celles-ci augmentent la fréquence des interactions sociales[IV]. C'est aussi en raison de relations sociales pauvres que les migrants sont en général moins heureux dans leur pays d'accueil que leurs comparables dans leur pays d'origine, et ce malgré des revenus très supérieurs (voir leçon n° 29).

© groupe Eyrolles

SEULS EN PISTE

Les biens relationnels sont des services que l'on consomme à plusieurs, et qui, en cela, ont le potentiel d'augmenter le bonheur. Entrent dans cette catégorie la location d'un court de tennis, les parties de bowling, les repas au restaurant (à plusieurs), etc.

La seconde moitié du XXᵉ siècle a vu émerger des tendances structurelles qui avaient le potentiel d'augmenter massivement la consommation par les ménages de ces biens dits « relationnels ». Les revenus des ménages ont considérablement augmenté, même dans les pays déjà riches au milieu du siècle passé. Le temps de travail a reflué partout. Celui consacré aux tâches ménagères a connu la même dynamique grâce à l'essor des appareils électroménagers. Enfin, l'industrie du loisir s'est développée, offrant de nouvelles possibilités de vivre des expériences à plusieurs.

Et pourtant la consommation de biens relationnels n'a pas augmenté dans les pays développés ces dernières décennies. Pis, elle aurait même, selon certains, nettement reculé. Dans son livre *Bowling Alone* (2000), le politologue américain Robert Putnam soutient que, depuis les années 1960, les États-Unis subissent un effondrement sans précédent de leur vie civique, sociale, associative et politique, avec des conséquences dramatiques pour le bonheur individuel et la société américaine. Il mesure ce déclin à l'aide de données variées, notamment la pratique du bowling. Les ligues de bowling ont connu un déclin massif du nombre de leurs membres alors que, parallèlement, le nombre total de joueurs augmentait énormément. Comme si les Américains s'étaient mis à jouer tout seuls, ou seulement de manière occasionnelle avec leurs amis, en dehors des clubs.

Très chers loisirs

Différentes explications ont été proposées pour expliquer le déclin des activités sociales. Certaines s'appuient sur la rationalité économique des individus. Avec la hausse de la productivité et des revenus, les habitants des pays riches ont désormais des coûts d'opportunité (c'est-à-dire un manque à gagner) beaucoup plus importants que leurs parents pour s'adonner à des activités très chronophages comme le sont souvent les activités sociales. Un match de football dure une heure et demie, à laquelle il faut ajouter de nombreux à-côtés (la mi-temps, le transport, les vestiaires, la troisième mi-temps…). Si l'ensemble dure quatre heures, l'avocat qui gagne 75 euros de l'heure peut facilement calculer que son match dominical lui coûte l'équivalent de 1 200 euros par mois ! Séduisante sur le papier, cette explication n'a néanmoins pas été confirmée par des études empiriques. Les personnes ayant de hauts revenus ne voient pas moins leurs amis que leurs comparables moins bien payés[v]…

Une autre explication rationnelle est que les activités sociales nécessitent un haut niveau de coordination (pour jouer un match de foot, il faut 22 joueurs) qui ne peut être atteint si certains des amis préfèrent d'autres activités, et notamment travailler[vi]. Mais cette explication n'éclaire pas pourquoi lesdits amis ont fait ce choix en premier lieu.

Plaisirs solitaires

D'où le besoin de recourir à des explications qui ne reposent pas sur la rationalité économique des décisions individuelles. D'abord, la recherche a montré que nous avons de fausses théories sur le bonheur et que nous commettons de nombreuses erreurs d'anticipation hédonique. En d'autres termes, nous nous trompons sur ce qui nous rend et nous rendra heureux. Surestimer l'impact positif du revenu est une de ces erreurs récurrentes qui peuvent conduire à réduire son temps libre pour augmenter ses revenus. Par ailleurs, les décisions individuelles reflètent également des valeurs individuelles et collectives, or on assiste à une progression des valeurs matérialistes et individualistes un peu partout dans le monde[VII].

Enfin, les activités sociales peuvent avoir été victimes de la surconsommation quasi addictive d'activités solitaires, en premier lieu la télévision, mais également les jeux vidéo, Internet et les réseaux sociaux. La télévision a fait l'objet d'un intérêt particulier par les chercheurs (voir leçon n° 7) qui ont effectivement observé que l'augmentation du temps passé à la regarder dans les dernières décennies avait pour contrepartie une baisse du temps consacré à d'autres activités comme la lecture et... les activités sociales[VIII]. Un Américain (Européen) passe en moyenne 35 heures (26 heures) par semaine à regarder la télévision ainsi que 7 heures (6 heures) sur Internet, dont un quart est consacré aux réseaux sociaux.

Ne serait-ce qu'une légère réduction des créneaux alloués à ces activités dégagerait une réserve de temps substantielle pour s'adonner à des activités sociales (non virtuelles) de tous types. À condition de pouvoir convaincre son partenaire de tennis de faire la même chose...

En pratique, ce que vous pourriez faire…

- Vous (re)mettre à un sport collectif.
- Vous offrir une inscription dans un club (de sport, de lecture, d'œnologie…).
- Instaurer une règle : pour chaque heure de loisir solitaire, une heure de loisir à plusieurs.
- Aller sur des sites de rencontre amicale (Meetup, Kawaa…) pour partager vos centres d'intérêt.
- Planifier un voyage avec des amis.
- Privilégier les séjours en maisons d'hôtes plutôt qu'à l'hôtel.
- Tenter l'expérience des « co-vacances » et partager une location avec des personnes que vous ne connaissez pas.
- Offrir des cadeaux que vous pourrez partager avec le destinataire (cours, concerts, sauts en parachute…).

Leçon n° 15
Varier les plaisirs

> *« Comment voulez-vous gouverner un pays où il existe deux cent quarante-six variétés de fromages ? »*
> Charles de Gaulle

La variété nous fait du bien et nous apprécions la variété. L'alimentation en fournit un bon exemple. D'un côté, les nutritionnistes recommandent une alimentation variée afin d'avoir accès à une gamme large de nutriments. De l'autre, sans même avoir pris de conseils d'experts, les individus sont généralement enclins à panacher leur alimentation, et évitent de consommer de manière répétée les mêmes aliments. Lorsque les circonstances nous obligent à consommer la même nourriture régulièrement sur des périodes longues, on finit par beaucoup moins apprécier l'aliment en question et l'on n'a pas envie d'en consommer à nouveau dans le futur[1]. Inversement, lorsqu'on est exposé à un goût nouveau plaisant, on tend à davantage apprécier l'aliment et à vouloir en consommer encore dans le futur.

LES BIENFAITS DE L'ABSTINENCE

En laboratoire, Elizabeth Dunn et Jordi Quoidbach ont pu confirmer qu'une expérience répétée procure

© groupe Eyrolles

effectivement moins de plaisir qu'une première expérience, et qu'on apprécie davantage les choses que l'on n'a pas consommées depuis longtemps[II]. Les participants à l'expérience devaient manger un morceau de chocolat durant deux sessions expérimentales séparées d'une semaine. Durant l'intervalle entre les deux sessions, un groupe devait s'abstenir de manger du chocolat tandis qu'un autre devait en manger le plus possible (sans toutefois mettre en danger leur santé !) ; un troisième groupe ne reçut aucune consigne. Lors de la seconde session, les participants du groupe d'« abstinents » ont pris davantage de temps pour savourer le morceau de chocolat donné par les expérimentateurs et ont rapporté ressentir des émotions plus positives.

Pourquoi la répétition nuit-elle au plaisir ? D'abord parce que les émotions sont plus intenses lorsqu'on focalise son attention sur l'activité en cours de réalisation. Les personnes capables d'être présentes dans l'instant ont ainsi tendance à ressentir davantage d'émotions positives[III] et même à afficher une satisfaction de la vie plus élevée[IV], car les dimensions cognitives et émotionnelles du bonheur communiquent. Or, les choses répétées fréquemment finissent par quitter le champ de la conscience pour devenir des habitudes. L'individu y devient alors largement insensible, subissant le phénomène d'adaptation hédonique. Inversement, on prend le temps de déguster lorsqu'on peut de nouveau goûter à un plaisir interdit pendant longtemps.

Plaisirs soufflés

L'abstinence est donc une technique efficace pour augmenter le plaisir associé aux consommations intrinsèquement agréables.

On peut également retrouver du plaisir aux consommations courantes, en changeant la façon dont on consomme. Dans une expérience, des chercheurs ont réussi à rendre la consommation de pop-corn de spectateurs au cinéma moins mécanique et plus hédonique. Parmi les sujets de l'expérience, certains étaient des consommateurs réguliers de pop-corn au cinéma. Preuve que leur consommation était devenue une habitude, durant différentes phases de l'expérience ces consommateurs chevronnés ont consommé autant du pop-corn fourni lorsque celui-ci était frais (soufflé une heure avant la session expérimentale) que lorsqu'il était rance (soufflé sept jours avant !). Consommer du pop-corn dans une salle de cinéma était comme un réflexe pour eux. Les participants n'ayant pas développé la même habitude ont, eux, significativement réduit leur consommation lorsque leur était présenté du pop-corn rance (consommant 45 % seulement du cornet de pop-corn offert contre 70 % lorsque le pop-corn était frais), alignant leurs décisions sur le plaisir qu'ils ressentaient.

Deux manipulations ont permis aux consommateurs réguliers de pop-corn de reprendre le contrôle de leur consommation et de l'ajuster à la qualité du pop-corn fourni. La première manipulation qui a fonctionné était un changement de contexte : les consommateurs ont assisté à la projection d'un film et se sont vu attribuer les pots de pop-corn dans une salle de réunion au lieu de la salle de cinéma. La seconde manipulation efficace a été d'imposer un changement du mode de consommation : les consommateurs étaient contraints de manger le pop-corn avec leur main faible uniquement (soit la main gauche pour un droitier). Dans les deux cas, la manipulation est parvenue à casser l'habitude et à rendre davantage consciente (et agréable ou désagréable, selon les circonstances) la consommation de pop-corn.

SATIÉTÉ VS STIMULATION

Une autre explication à la perte d'effet des plaisirs répétés trop souvent est que le plaisir a la particularité d'être marginalement décroissant : la deuxième gorgée de bière est moins agréable que la première mais davantage que la troisième. Pour certaines consommations, notamment alimentaires, passé un certain seuil, le plaisir marginal (c'est-à-dire associé à la consommation d'une unité supplémentaire) peut même devenir franchement négatif, incluant une sensation de dégoût. Lorsqu'elles sont fréquemment renouvelées, les mêmes gratifications (ou des gratifications similaires par certains attributs) amènent l'individu de plus en plus près de ce point de satiété et lui procurent de moins en moins de plaisir.

Enfin, selon les psychologues, les individus partagent un même besoin de stimulation, même si celui-ci varie en amplitude selon les personnes[v]. Or la répétition a tendance à limiter la stimulation quand la variété l'alimente[1].

---

1. Des travaux de recherche ont par ailleurs montré que le besoin de stimulation était transversal aux différentes dimensions de la vie et que, lorsque celui-ci était satisfait dans une dimension, les comportements dans les autres dimensions traduisaient un besoin de stimulation réduit avec, par exemple, une tendance à rechercher moins de variété.

RECHERCHER LA NOUVEAUTÉ

Comme la variété, la nouveauté permet de rompre avec la répétition et de limiter son impact négatif sur le bien-être émotionnel. Elle y ajoute l'effet de la surprise. La nouveauté a un impact émotionnel positif très fort parce qu'on apprécie plus une consommation lorsqu'elle a été incertaine.

Des chercheurs de l'université de Virginie et de l'université Harvard ont fait gagner différents lots d'une valeur de 5 dollars à des étudiants en échange de leurs réponses à des questionnaires (factices). Le véritable objet de l'expérience était d'évaluer à l'aide de (vrais) questionnaires leur bien-être émotionnel au moment de recevoir leur cadeau. Au terme de l'expérience, les participants qui ont dû attendre jusqu'au dernier moment pour savoir quel lot ils avaient gagné (tout en sachant préalablement, comme les autres participants, qu'ils étaient gagnants) ont affiché des émotions plus positives que les participants pour lesquels il n'y avait plus d'incertitude sur le lot gagné depuis longtemps. Pour les premiers, l'incertitude a permis de limiter l'érosion avec le temps du plaisir d'avoir gagné un lot.

En plus de l'impact émotionnel, l'accès régulier à des expériences nouvelles (même mineures) a également une influence positive sur la satisfaction de la vie. Des participants à une expérience à qui l'on a demandé de faire de nouvelles choses quotidiennement pendant dix jours ont connu une hausse significative de leur satisfaction de la vie au terme de cette période[vi].

Une façon simple de dynamiser son bien-être émotionnel (et par contagion sa satisfaction de la vie) serait ainsi de multiplier et de varier les petits plaisirs. L'effet de ces petits plaisirs n'est pas trivial : le bonheur dépend en effet davantage de la fréquence des émotions positives que de leur intensité[VII]. Pour bien commencer chaque journée, mieux vaut donc alterner les marques de céréales que l'on consomme au petit déjeuner. Et choisir celles avec des cadeaux surprises dans la boîte.

En pratique, ce que vous pourriez faire...

- Varier les produits et les marques que vous achetez lorsque vous faites vos courses.
- Vous confectionner une liste afin d'alterner les lieux où vous déjeunez le midi.
- Vous fixer un budget « nouveautés » minimum lorsque vous faites vos courses.
- Vous abonner à une *box* thématique (cosmétiques, gastronomie, œnologie, lingerie, bricolage...) pour recevoir des cadeaux surprises tous les mois.

Limiter la consommation statutaire

> *« De quelque superbe distinction*
> *que se flattent les hommes,*
> *ils ont tous une même origine,*
> *et cette origine est petite. »*
>
> Bossuet

La consommation statutaire et ostentatoire est partout, du haut jusqu'en bas de la pyramide sociale. Les milliardaires signalent leur rang avec des yachts toujours plus longs. Les footballeurs affichent leur nouveau statut social à coups de voitures de sport. Les rappeurs signifient leur réussite par leurs frasques et leur capacité au gaspillage.

Même les pauvres accordent une place toute particulière à des activités ou des biens (les téléphones portables par exemple) qui ne semblent pas primordiaux. Dans de nombreux pays en développement, les dépenses lors des mariages peuvent représenter jusqu'à plusieurs années d'épargne pour les ménages pauvres. De telles pratiques empêchent trop souvent les pauvres de sortir de la « trappe à pauvreté » en focalisant sur des consommations statutaires plutôt que sur des investissements permettant une véritable élévation sociale (l'éducation et la santé en premier lieu). Pour limiter leurs effets nocifs, le président du Tadjikistan a instauré en 2008 une limite aux dépenses fastueuses lors des mariages afin que les ménages les plus riches cessent de constamment relever les standards auxquels les ménages des échelons inférieurs finissent par se référer alors qu'ils n'en ont pas les moyens.

Pourquoi une BMW ?

Le statut est clairement un élément important à l'esprit des gens lorsqu'ils achètent un bien durable comme une voiture ou un logement… même s'ils ont des difficultés à le reconnaître. Dans une étude intitulée « Honnêtement, pourquoi conduisez-vous une BMW ? » deux économistes de l'université de Göteborg[i] ont envoyé un questionnaire à 2 500 Suédois concernant les choix en matière de transport. Dans le questionnaire, il était demandé aux sondés de dire à quel point différents critères étaient importants pour eux-mêmes au moment d'acheter une nouvelle voiture, mais aussi pour les autres (c'est-à-dire pour le Suédois moyen). Puis ils ont comparé ces réponses à celles d'un groupe de 100 vendeurs de voitures questionnés par téléphone sur les préférences de leurs clients.

Les résultats sont édifiants. D'abord, les sondés ont eu tendance à se présenter comme très différents de leurs concitoyens quant à l'importance de la dimension statutaire dans leurs décisions. Si le statut est présenté comme étant un critère mineur dans leurs propres décisions (loin derrière les autres critères et notamment la performance environnementale), il n'en va pas de même pour les décisions des autres, où il est jugé beaucoup plus important. Inversement, la performance environnementale est présentée par les sondés comme étant beaucoup plus importante pour eux que pour les autres…

Déni de statut

Évidemment, en moyenne, les évaluations devraient être identiques pour soi et les autres puisque dans les deux cas il s'agit de la même population (les Suédois). Il y a donc un biais quelque part, soit dans l'évaluation des déterminants de leurs propres décisions, soit dans l'évaluation des moteurs des décisions des autres, soit les deux. Les réponses des vendeurs permettent de trancher. Or, celles-ci se rapprochent beaucoup plus des réponses concernant les attitudes d'autrui. Selon les vendeurs, et on peut croire en leur expertise dans le domaine, la dimension statutaire est en fait centrale lorsqu'on achète une voiture en Suède. Il semble donc que les sondés soient engagés dans une démarche (consciente ou inconsciente) de tromperie de soi visant à entretenir une image personnelle plus positive. *A priori* les individus savent pertinemment que le statut importe beaucoup, mais refusent d'admettre être eux-mêmes à la recherche de statut.

Le statut du commandeur

Comment expliquer la consommation statutaire ? Une hypothèse est que celle-ci vise le bonheur. En effet, dans de nombreux domaines, il a été observé que la position de l'individu par rapport aux autres a un impact important sur son bien-être subjectif. À revenus identiques, on se sent d'autant mieux que les autres gagnent moins (voir leçon n° 4). On vit beaucoup mieux le chômage lorsque le taux de chômage est élevé ou quand des proches sont également au chômage (leçon n° 24). On est également moins satisfait de son apparence physique (et de sa vie) quand les autres autour de soi sont plus beaux. Le seul contact avec quelqu'un qui a les attributs extérieurs (la tenue, le nom, le langage…) d'un niveau social supérieur entraîne des changements physiologiques (un rythme cardiaque accéléré et une pression artérielle augmentée) qui attestent d'une chute de la sensation de bien-être[II].

La concentration de sérotonine, un neurotransmetteur généralement associé au bonheur et au bien-être, est plus élevée chez les individus ayant un statut social élevé, dans les sociétés humaines[III] mais également chez les singes[IV]. Par exemple, chez les vervets (des petits singes verts d'Afrique), quand le mâle alpha est enlevé d'un groupe, le nouveau mâle alpha connaît une élévation de la concentration de sérotonine, laquelle s'annule lorsque l'ancien mâle dominant est réintroduit dans le groupe et reprend sa place dans la hiérarchie.

MALADIES STATUTAIRES

Chez les humains, le niveau social influence jusqu'à la santé et l'espérance de vie. Michael Marmot, professeur d'épidémiologie à l'University College de Londres, montre dans son livre *The Status Syndrome* que la position sur l'échelle sociale influence la mortalité, laquelle est très supérieure dans les classes populaires par rapport aux classes plus élevées, et ce même après contrôle des différences de revenus, d'éducation et de comportements à risque (comme la consommation d'alcool ou de tabac).

Dans les catégories de la population les plus favorisées, les différences de statut ont également un impact fort sur la santé. Des chercheurs[V] ont ainsi obtenu que les acteurs d'Hollywood oscarisés vivaient 3,9 années de plus en moyenne que des acteurs comparables n'ayant jamais été distingués (et 3,6 années que les perdants aux oscars)[1]. *Idem* pour les réalisateurs qui ont connu cette récompense. Un effet similaire a été obtenu au sein de la communauté des chercheurs. Les lauréats du prix Nobel vivent en moyenne entre un et deux ans de plus que les nominés[vi] et l'effet n'est pas réductible à la récompense financière obtenue[2].

LE BONHEUR, UN PRODUIT DE LUXE ?

La consommation statutaire serait alors une façon de signaler aux autres et à soi-même son appartenance à un groupe social plus élevé afin de tirer les bénéfices hédoniques de cette reconnaissance. Et, effectivement, il a été obtenu que la consommation de biens de luxe avait un impact positif sur le bien-être subjectif.

À partir d'une enquête menée en Belgique, Liselot Hudders et Mario Pandelaere, chercheurs à l'université de Gand, ont observé que les individus qui arbitraient souvent en faveur de produits de luxe pour différents types de consommations (bijoux, vins, vêtements, voyages…) avaient tendance à rapporter avoir davantage d'émotions positives, moins d'émotions négatives et une meilleure satisfaction de la vie par rapport à ceux qui optaient plus rarement pour des produits de luxe[vii].

L'effet sur les émotions ne dépend pas du niveau de matérialisme de l'individu : que l'on soit très matérialiste ou

---

1. Néanmoins, ce résultat reste très controversé en raison de la méthodologie utilisée. En contrôlant mieux le biais de sélection induit par une comparaison de l'espérance de vie des acteurs à un âge déjà avancé (supérieur à 30 ans), les résultats apparaissent moins nets et plus significatifs statistiquement.
2. Le prix est de 8 millions de couronnes norvégiennes, soit environ 900 000 euros, à diviser entre les lauréats.

pas, consommer des biens de luxe a un effet émotionnel positif à court terme[1]. En revanche, l'impact de la consommation de produits de luxe sur la satisfaction de la vie ressort plus important chez les personnes ayant des valeurs matérialistes puisque, par définition, ils valorisent davantage leur vie selon le critère des possessions matérielles.

Mais cet effet plus important n'est pas suffisant pour renverser les différences initiales de satisfaction de la vie. Comme les personnes matérialistes ont, toutes choses égales par ailleurs, une satisfaction de la vie moins élevée que les autres, celles qui consomment régulièrement des produits de luxe se retrouvent avec une satisfaction de la vie qui reste inférieure à celle des individus moins matérialistes qui en consomment moins souvent.

Ainsi, valoriser les possessions matérielles et statutaires ne semble pas être la voie la plus directe vers le bonheur. Dans ces conditions, la consommation ostentatoire répondrait-elle, même inconsciemment, à un autre objectif que le bonheur ?

La stratégie du paon

La psychologie évolutionnaire fournit un éclairage sur d'autres types de motivations à la base des formes les plus ostentatoires de la consommation. Selon cette discipline qui considère que nos mécanismes psychologiques, au même titre que nos attributs physiques, ont été sélectionnés par l'évolution pour leur capacité à répondre aux

---

1. Les mécanismes peuvent toutefois différer selon les personnes : les gens peu matérialistes peuvent éprouver du plaisir à contempler les qualités intrinsèques des objets achetés (la qualité des matériaux et de la fabrication), quand les plus matérialistes, eux, trouvent du contentement dans les attributs statutaires des produits.

objectifs de survie et de reproduction, la consommation ostentatoire jouerait le même rôle de signalement que joue… la queue panachée chez le paon.

Dans un cas comme dans l'autre, il s'agirait pour le mâle d'afficher un attribut inutile mais très coûteux qui signalerait la qualité de son patrimoine (génétique dans le cas du paon, financier dans le cas de l'homme) en vue d'attirer des partenaires potentielles. La consommation statutaire serait donc une stratégie de reproduction utilisée essentiellement par les hommes qui répondrait à l'importance du statut socio-économique comme critère utilisé par les femmes (dans les différentes cultures) pour sélectionner leur partenaire[VIII].

DÉPENSER POUR SÉDUIRE ?

Les premières études d'économie évolutionnaire vont dans le sens d'une confirmation de cette hypothèse. Dans plusieurs expériences, Vladas Griskevicius, de l'université d'Arizona, et ses collègues ont montré qu'exposer de jeunes hommes à des photographies de femmes attirantes avait pour conséquence de les inciter à vouloir allouer davantage de leur argent à des consommations statutaires (mais pas davantage aux autres types de consommation)[IX]. Un tel effet n'a en revanche pas été trouvé chez les jeunes femmes exposées à leur tour à des photographies d'hommes séduisants. Ce résultat confirme et affine un peu plus les observations d'une autre étude, publiée quelques années auparavant par Margo Wilson et Martin Daly[X], selon lesquelles les hommes exposés à des photographies de femmes attirantes avaient tendance à escompter davantage le futur, c'est-à-dire à privilégier leur consommation immédiate au détriment de l'épargne et de la consommation future.

D'autres études dans d'autres contextes culturels ont abouti, au contraire, à un taux d'épargne plus important chez les jeunes hommes ou leur famille lorsque le déséquilibre des sexes leur est très défavorable. Par exemple, dans les régions indiennes ou chinoises où le nombre de femmes est très inférieur au nombre d'hommes (à cause notamment des avortements de fœtus féminins et des infanticides), le taux d'épargne des familles ayant un enfant mâle est très supérieur à celui observé dans des familles similaires dans d'autres régions[xi]. La raison est qu'à cause de la pénurie de femmes, il leur faut offrir une dot importante à la famille de l'épouse au moment du mariage.

Le mécanisme reste pour autant le même : se positionner comme un partenaire crédible du fait de ses ressources (réelles ou seulement affichées). De même, dans d'autres contextes encore, la démonstration de statut peut passer cette fois par des dons ostentatoires aux organisations caritatives[xii], sans que le mécanisme sous-jacent soit nullement modifié.

LE PIÈGE DE LA COMPÉTITION

La course pour le statut pourrait ainsi n'être au final qu'une course, largement inconsciente, pour le sexe et la reproduction. Le problème avec cette compétition intrasexuelle (les hommes concourent contre les autres hommes) est qu'elle est à somme nulle. Les ressources engagées (le temps, l'énergie, l'argent…) pourraient être allouées à d'autres fins, l'épanouissement et la réalisation de soi par exemple, qui ne sont pas bornées, et ainsi mieux servir le bonheur. Surtout, il s'agit d'un cas classique de dilemme du prisonnier. Aucun des participants à cette course statutaire ne peut diminuer son effort unilatéra-lement sans risquer de perdre sur le front sexuel. Tous gagneraient pourtant à se coordonner pour diminuer ensemble leur effort et, par ricochet, être plus heureux.

LE COÛT DE LA COMPÉTITION

La compétition statutaire comporte aussi son lot d'« externalités négatives » (les effets indirects négatifs sur le reste de la société). Un exemple d'externalités négatives pour le bonheur de la course au statut est donné par Rainer Winkelmann, chercheur à l'université de Zurich, qui a étudié la satisfaction de la vie dans différentes localités suisses (des municipalités, des régions ou des cantons) en fonction du nombre de véhicules de luxe (Porsche et Ferrari) qui s'y trouvent[xiii]. Faute de pouvoir avoir accès au nombre total de ces véhicules, Winkelmann l'a approximé à partir des nouvelles immatriculations. Il a alors pu observer, après avoir effectué des contrôles sur le niveau de vie moyen, que plus il y a de nouvelles immatriculations de Ferrari et de Porsche dans une localité, plus la satisfaction de la vie moyenne dans cette localité diminue. Si le bonheur des détenteurs de ces véhicules a peut-être augmenté avec leur achat (ce qui n'a pu être testé), l'effet global, lui, est négatif. L'impact défavorable sur les autres fait plus que compenser l'impact éventuellement favorable pour ces propriétaires. À quand un malus statutaire en plus du malus écologique ?

En pratique, ce que vous pourriez faire…

- Fuir vos connaissances à la consommation ostentatoire.
- Changer de groupe social si l'importance que le groupe accorde au statut vous devient insupportable.
- Et penser aux autres stratégies que l'affichage du statut pour séduire les femmes…

Leçon n° 17
Réserver ses vacances à l'avance

Au début des années 1970, le psychologue Walter Mischel, dans une expérience devenue célèbre, plaça des enfants de 4 ans devant un choix délicat : manger immédiatement un cookie ou attendre quelque temps (qu'il quitte la salle d'expérimentation puis y revienne) et obtenir alors deux cookies au lieu d'un. Si les enfants ne parvenaient pas à attendre jusqu'au retour de Mischel, ils recevaient néanmoins le premier cookie promis d'office. De manière peu surprenante, dès que le chercheur quitta la salle, la plupart des enfants se ruèrent quasi immédiatement sur le cookie. Quelques-uns, néanmoins, sont parvenus à attendre jusqu'au retour de Mischel et ont eu droit à leur récompense…

Les vertus de la patience

Ce qui est intéressant, dans cette expérience, ce sont les résultats des études de suivi faites dans les années 1980 et 1990 sur les mêmes sujets devenus adolescents puis adultes. À l'adolescence, les enfants qui avaient réussi à résister à l'appel du cookie ont démontré une plus grande capacité à résister au stress, moins de problèmes de comportement et des résultats scolaires bien meilleurs[1]. La capacité à résister à la tentation est même ressortie comme un meilleur prédicteur des résultats scolaires futurs que les

© groupe Eyrolles

tests de QI réalisés durant la première phase de l'expérience. Plus tard, à l'âge adulte, les mêmes sujets ont présenté un meilleur cursus universitaire, de meilleurs salaires et une fréquence moindre de troubles comportementaux (comme les addictions à l'alcool ou à la drogue)[II], très préjudiciables au bien-être. Ainsi la capacité à repousser dans le temps des récompenses est-elle reliée à un certain nombre de bienfaits pour l'individu qui en est doté.

LA PRÉFÉRENCE POUR LE PRÉSENT

Malheureusement, la patience ne semble pas naturelle. Les expériences montrent que les humains, comme les animaux, affichent une préférence très forte pour le présent qui se traduit par un escompte très fort des gratifications futures. À défaut d'apprentissage, nos actions témoignent d'une préférence pour obtenir tout de suite les récompenses positives et, au contraire, repousser dans le temps les désagréments.

Cette préférence pour le présent se nourrit d'une perception différente de l'impact hédonique des événements présents et futurs : on tend à percevoir, à tort, que l'impact émotionnel sur soi d'un même événement sera moins intense dans le futur que dans le présent. Par exemple, des chercheurs ont montré dans une expérience que les individus anticipaient qu'ils ressentiraient un plaisir supérieur *le jour où* ils recevraient un cadeau, si on le leur offrait le jour même plutôt que trois mois plus tard[III]. Il y a préférence pour le présent car il y a impossibilité à ressentir avec la même intensité les émotions futures (anticipées) et les émotions présentes.

LES TROIS TEMPS DU PLAISIR

Une conséquence directe de la préférence pour le présent est que l'incitation est forte à consommer dans l'instant[1]. Doit-on pour autant succomber à la tentation du plaisir immédiat ?

Repousser les plaisirs offre l'avantage d'augmenter ce que les économistes appellent *l'utilité de l'anticipation*. Une récompense agréable procure du plaisir lorsqu'on la reçoit (ou la mange) mais également avant, lorsqu'on la savoure par anticipation, et aussi après, lorsqu'on se la remémore *(l'utilité du souvenir)*. Et il paraît vraisemblable que, pour certaines activités (par exemple les voyages), cette utilité décalée puisse dépasser en amplitude totale l'utilité de l'expérience instantanée.

C'est d'autant plus vraisemblable que l'on a tendance à anticiper les événements agréables à venir sous une forme idéalisée et, de la même manière, à se les remémorer sous un jour meilleur. Par exemple, un groupe de chercheurs[IV] a demandé à des vacanciers de tenir un journal avant, pendant et après leurs vacances. Ils ont observé que les vacanciers parlaient de leurs vacances dans des termes plus positifs avant et après que durant les vacances. Il s'avère que, durant les phases d'anticipation et de souvenir, les vacances sont représentées selon leurs caractéristiques essentielles (les rencontres, les découvertes, les

---

1. Il existe également une incitation à payer plus tard. Des travaux attestent une sensation de douleur au moment de payer quelque chose. Se trouve alors activée la même zone du cerveau (l'insula) que lorsqu'on sent une odeur nauséabonde ou que l'on est discriminé négativement ou encore rejeté socialement. Lorsque le paiement est couplé à l'expérience de consommation, cette sensation de douleur vient diminuer la sensation de plaisir tirée de la consommation.

expériences…) alors qu'en temps réel les impressions sont affectées bien davantage par des facteurs secondaires comme les tracas logistiques, relationnels ou physiques.

ANTICIPER D'ABORD, SE SOUVENIR ENSUITE

Entre *l'utilité de l'anticipation* et *l'utilité du souvenir,* c'est néanmoins la première qui semble être la plus forte en intensité. La recherche montre que penser à des événements futurs déclenche des émotions plus fortes que se remémorer ces mêmes événements survenus dans le passé[v]. Une conséquence est que le bien-être émotionnel sera davantage *boosté* par l'anticipation d'événements agréables que par leur réminiscence.

Après des activités agréables, la vie reprend son cours. Et sauf à s'astreindre à se souvenir régulièrement des bons moments vécus, leur effet positif se dissipe. Des chercheurs néerlandais ont par exemple interrogé plus de 1 500 individus autour de la période des vacances estivales[vi]. Afin de mesurer l'impact des vacances sur le bien-être émotionnel, ils ont mesuré la balance émotionnelle (le nombre d'émotions positives diminué du nombre d'émotions négatives) des participants à plusieurs moments de l'année à partir d'un questionnaire envoyé toutes les huit semaines. Les chercheurs ont observé qu'avant de partir en vacances, les futurs vacanciers affichent des émotions plus positives que ceux qui ne partiront pas, et cela d'autant plus qu'ils se rapprochent de la date de départ. Après le séjour, la différence n'est plus significative. À la rentrée, ceux qui sont partis et les autres sont de nouveau sur un même plan émotionnel. Avec une exception, toutefois. Dans le cas de vacances jugées par les participants comme très relaxantes, un effet positif reste perceptible après coup. Mais cet effet positif sur la balance émotionnelle est alors de courte durée puisqu'il disparaît totalement au bout de huit semaines tout en n'étant véritablement significatif que durant les deux semaines suivant le retour de vacances. Soit un effet bien plus éphémère que celui dû à l'anticipation des vacances.

Apprendre à patienter

Heureusement, la capacité à repousser ses plaisirs n'est pas fixée dès la naissance. Il est possible d'apprendre la patience et le contrôle de soi, lesquels seraient comme un muscle que l'on peut augmenter par un exercice régulier[VII]. Plus on pratique l'attente, plus il devient facile de patienter. Ainsi, vous pourriez augmenter petit à petit votre capacité à ajourner vos plaisirs. Vous pourriez aussi, pour ne pas vous priver d'une source de bien-être à moindre coût, réserver (et régler) vos prochaines vacances d'été dès l'hiver. Le printemps n'en sera que plus agréable.

En pratique, ce que vous pourriez faire...

- Réserver longtemps à l'avance vos prochaines vacances.
- Passer du temps à les imaginer et à les préparer, par exemple en visitant des blogs de voyage.
- Discuter de la préparation du voyage avec des amis qui se sont déjà rendus sur place.
- Utiliser les sites dédiés pour créer un carnet de voyages que vous pourrez consulter à loisir à votre retour.
- Vous amuser à repousser dans le temps certaines consommations agréables.
- Vous remémorer vos bonnes expériences passées en regardant des photos ou en en discutant avec d'autres personnes.

Leçon n° 18
Questionner son matérialisme

> « *Matérialisme : prononcer
> ce mot avec horreur en insistant
> sur chaque syllabe.* »
> Gustave Flaubert

Les valeurs sont des principes généraux qui nous guident dans la vie. Connaître ses valeurs personnelles et vivre en accord avec elles sont deux caractéristiques qui ont été observées comme étant positivement associées au bonheur[i]. Toutes les valeurs ne se valent pas, néanmoins. Quand on questionne les individus qui rapportent un haut niveau de bonheur, on remarque qu'ils affichent des valeurs plus sociales (altruisme, confiance, générosité…) et plus tournées vers les satisfactions psychologiques (autonomie, stimulation, accomplissement…) que les individus qui se jugent moins heureux[ii].

Valeurs et représentations du bonheur

Les valeurs personnelles déterminent les représentations du bonheur des individus et, par conséquent, influencent la manière dont ils évaluent leur propre bonheur. Les valeurs jouent ainsi un rôle d'intermédiaire entre la situation objective des individus et leurs évaluations subjectives. Les chercheurs ont, par exemple, observé que les

valeurs influençaient fortement la relation entre les revenus (absolus ou relatifs) et le bonheur[III], ou encore celle
entre le fait d'être au chômage et le bonheur. Être pauvre
est d'autant mieux accepté qu'on ne valorise pas l'argent ;
être au chômage passe mieux quand on ne considère
pas que le bonheur se mesure à l'aune de la réussite
professionnelle.

LES VALEURS MATÉRIALISTES

Parmi les valeurs qui influencent fortement le bonheur
des individus figure le niveau de matérialisme. Une étude
menée en Norvège[IV] a obtenu que la dimension maté-
rialiste/idéaliste était celle ayant le plus d'impact sur le
bonheur devant les autres dimensions (moderne/traditio-
naliste, progressiste/conservateur).

Le matérialisme a été défini tantôt comme un type de
personnalité marqué par un ensemble de caractéristiques
psychologiques (la possessivité, l'absence de générosité,
l'envie…)[V], tantôt comme un ensemble de croyances :
celle que le bonheur vient des possessions matérielles, que
l'acquisition patrimoniale est le but premier de la vie, ou
encore que le succès dans la vie se mesure par les réalisations matérielles[VI].

Les valeurs matérialistes, dans leurs différentes défini-
tions, sont corrélées avec des comportements observables, comme le temps passé à faire du shopping[VII] ou la
part du revenu qui est consommée plutôt qu'épargnée.
Elles influencent aussi le type de consommations qui
sont réalisées. Les matérialistes optent pour des produits
coûteux, représentatifs d'un statut social et ostentatoires,
tandis que les non-matérialistes préfèrent des produits
vecteurs de plaisir ou chargés d'émotions. Par exemple,

dans une expérience sur les préférences automobiles, des chercheurs ont pu observer que les personnes ayant des valeurs matérialistes étaient davantage attirées par les voitures de luxe (en l'occurrence une Lexus) que par celles véhiculant une image rétro, plus émotionnelle (la Volkswagen New Beetle)[VIII].

Pour en savoir plus : la construction du matérialisme

D'où viennent les valeurs matérialistes ? Selon la théorie du matérialisme développée par le politologue américain Richard Inglehart à partir de la hiérarchie des besoins de Maslow (voir leçon n° 1), c'est la privation matérielle durant l'enfance et l'adolescence qui conduit à afficher des attitudes favorables à la satisfaction des besoins inférieurs (sécurité, confort, appartenance) et donc matérialistes. Au contraire, l'abondance durant l'enfance amène à se concentrer par la suite sur les besoins supérieurs.

Ainsi, ironiquement, les individus issus de milieux populaires qui ont connu des difficultés économiques au début de leur vie sont, par souci d'appartenance, plus enclins à accorder de l'importance aux biens qu'ils considèrent comme représentatifs des classes supérieures (grosses voitures, vêtements de luxe, etc.) que les individus desdites classes eux-mêmes.

D'autre part, l'observation comparée des valeurs transmises par l'éducation parentale dans les catégories populaires et supérieures[IX] montre que le matérialisme est davantage promu au sein des milieux populaires. Si, dans les familles populaires, l'accent est surtout mis sur la sécurité, l'accumulation et la conformité (par exemple dans les choix de travail), dans les familles de niveau socio-économique supérieur, les parents insistent davantage sur la réalisation de soi.

Aaron Ahuvia et Nancy Wong, respectivement de l'université du Michigan et de l'université Georgia Tech, fournissent une clé intéressante pour comprendre les origines des différentes formes de matérialisme. Sur la base de travaux empiriques, ils concluent que :

- *le matérialisme comme personnalité* trouve son origine dans l'environnement économique où l'individu a passé son enfance. Plus celui-ci a été marqué par la pénurie, plus la probabilité d'afficher une personnalité matérialiste à l'âge adulte est importante ;
- *le matérialisme comme croyance* trouve, lui, sa source dans les valeurs du milieu social dans lequel l'individu a grandi. Il s'agit là d'un matérialisme socioculturel.

Comme les croyances sont moins stables que les traits de personnalité, le second type de matérialisme est *a priori* plus facile à modifier que le premier, par exemple par un changement d'environnement.

LE MATÉRIALISME ANTI-BONHEUR

Dans toutes les études traitant de la question, l'impact des valeurs matérialistes sur le bonheur ressort négatif. Les individus classés haut sur les échelles de matérialisme affichent une moindre satisfaction de la vie[x], davantage d'émotions négatives[xi] et un bien-être psychologique réduit[xii]. À revenus identiques, les individus matérialistes sont moins satisfaits de leur vie que les individus non matérialistes. L'effet sur la satisfaction de la vie s'accompagne d'une moindre satisfaction vis-à-vis de son travail, de sa vie sociale et de sa vie de famille. Ainsi les individus matérialistes apprécient-ils moins leurs relations sociales, une observation confirmée par leurs proches[xiii]. Quant au bien-être psychologique, sur quasiment toutes ses composantes (les sentiments de connexion, de compétence, d'autonomie et de sens de la vie), les personnes matérialistes affichent des scores inférieurs.

Les comportements au jour le jour des individus matérialistes permettent d'expliquer ces piètres indicateurs : en focalisant sur des objectifs externes (la réussite financière et matérielle), ils souffrent plus que les autres de comparaisons sociales défavorables. Pour atteindre ces objectifs, ils travaillent beaucoup, privilégient leur carrière sur leurs centres d'intérêt personnels, négligent la construction de relations sociales solides (qui seraient mobilisables dans les périodes difficiles) et sont finalement davantage sujets à un stress constant, ce qui affecte leur santé physique et psychique.

UN BONHEUR PRÉCAIRE

Parce qu'il est dépendant de l'action des autres, le bonheur matériel est un bonheur fragile. Jérôme et Sylvie, les deux héros très matérialistes du roman *Les Choses* de Georges Perec (paru en 1965), en font régulièrement l'amère expérience. Ils apprécient les bons restaurants où ils peuvent vivre des moments rares, empreints d'éternité, où tout – les mets, les vins, le décor, le service – s'accorde et reflète la finesse de leurs goûts. Mais pour eux, la déception n'est jamais loin. *« Il ne fallait pas grand-chose pour que tout s'écroule : la moindre fausse note, un simple moment d'hésitation, un signe un peu trop grossier, leur bonheur se disloquait ; il redevenait ce qu'il n'avait jamais cessé d'être, une sorte de contrat, quelque chose qu'ils avaient acheté, quelque chose de fragile et de pitoyable. »*

Et le succès matériel, comme le succès financier, ne se construit pas facilement. Il ne se conquiert pas par le rêve et les déclarations d'intention. Il s'accommode assez mal d'un tempérament velléitaire. Il nécessite au contraire une disposition à la lutte et une persévérance dans l'effort. Des traits de caractère dont manquent cruellement Jérôme et Sylvie et que ni leur situation confortable ni leurs aspirations matérialistes n'aident à cultiver. *« D'autres fois, ils n'en pouvaient plus. Ils voulaient se battre et vaincre. Ils voulaient lutter, conquérir leur bonheur. Mais comment lutter ? Contre qui ? Contre quoi ? […] Des millions d'hommes, jadis, se sont battus, et même se battent encore, pour du pain. Jérôme et Sylvie ne croyaient guère que l'on pût se battre pour un divan Chesterfield. Mais c'eût été pourtant le mot d'ordre qui les aurait le plus facilement mobilisés.* » Malheureusement, les envies ne font pas un carburant aussi efficace que les besoins. Et la frustration vient alors s'ajouter à la déception.

DU MATÉRIALISME AU POSTMATÉRIALISME

La consommation des années 2010 n'est toutefois pas celle des années 1960. En cinquante ans, le consommateur a profondément changé. Aujourd'hui, ce qu'il achète vise davantage à exprimer son identité individuelle et sa singularité que sa classe sociale ou son standing.

Les travaux de Ronald Inglehart montrent que l'augmentation des revenus des individus avec le développement économique a fait dériver les valeurs du matérialisme, centré sur la sécurité et l'appartenance, vers le postmatérialisme, qui met davantage l'accent sur l'expression individuelle et la qualité de vie. Ce basculement des valeurs s'est produit, au sein des pays occidentaux, durant les trois dernières décennies du XXᵉ siècle. Largement prépondérante en 1970 (avec environ deux tiers des individus), la proportion de matérialistes n'a cessé de refluer depuis du fait du renouvellement des générations. Les valeurs postmatérialistes sont ainsi devenues majoritaires au sein des populations occidentales à peu près au moment du passage à l'an 2000.

NÉOMATÉRIALISME

La domination des valeurs postmatérialistes ne signifie pas pour autant que les valeurs matérialistes ont disparu, ni que la consommation est devenue secondaire. Elle implique seulement de nouvelles formes de consommation, plus sophistiquées que les formes antérieures, dont la fonction première n'est plus d'indiquer la classe sociale d'appartenance mais plutôt d'exprimer l'identité individuelle de la personne.

Ainsi, depuis la fin des années 1990 émergent de nouveaux comportements de consommation, que l'on peut qualifier de « néomatérialistes »[xiv], où le désir d'une meilleure qualité de vie s'inspire des mouvements écologistes ou altermondialistes mais se nourrit d'acquisitions de biens matériels onéreux choisis pour leur qualité (les vêtements de luxe), leur fonctionnalité (les meubles design), leur durabilité ou leur respect de l'environnement (les voitures électriques). En France, les « bobos » incarnent ces comportements néomatérialistes.

Si la comparaison sociale a moins de prise sur les néomatérialistes, leurs aspirations matérielles élevées portent en elles des risques pour le bonheur semblables à ceux qu'ont connus les générations animées de valeurs matérialistes plus traditionnelles. La tentation de subordonner sa vie sociale à son accomplissement individuel est un de ces pièges communs à tous les matérialistes, anciens comme modernes.

En pratique, ce que vous pourriez faire...

- Mesurer votre matérialisme à partir de questionnaires sur Internet.
- Discuter avec vos amis de l'importance pour eux et pour vous des possessions matérielles.
- Évaluer à quel point vos aspirations matérielles vous coûtent dans les autres domaines de la vie (santé, famille, développement personnel, relations amicales...).

Leçon n° 19
Tester la frugalité

> « *Il faut que la frugalité règne dans les repas qu'on donne ; et que, suivant le dire d'un ancien, il faut manger pour vivre, et non pas vivre pour manger.* »
> Molière

Dans *L'Avare*, c'est par ces mots que Valère essaie de s'attirer les bonnes grâces d'Harpagon dont il souhaite secrètement épouser la fille. Car la frugalité est un mode de vie qui plaît à l'avare. Pour lui, moins manger, c'est avant tout se permettre de limiter ses dépenses. Pourtant, la frugalité n'est pas l'avarice. La frugalité traduit le souci de la sobriété, de la modération dans ses pratiques. L'avarice, quant à elle, implique une restriction excessive de ses consommations en raison d'une aversion viscérale à la dépense.

L'EXPÉRIENCE DES AMISH

Un exemple de vie frugale est donné par les Amish. Présents aux États-Unis et au Canada où ils émigrèrent en provenance d'Europe aux XVIIIe et XIXe siècles, les Amish forment aujourd'hui un groupe ultraconservateur protestant de plus de 280 000 âmes facilement reconnaissables par leurs habits traditionnels et leur mode de vie très simple, à l'écart des technologies modernes. Leur devise première est : « Tu ne te conformeras pas à ce monde qui t'entoure. »

Hormis un sous-groupe moderniste (les Beachy Amish), les Amish ne peuvent utiliser ni téléphone, ni Internet, ni électricité, ni automobile (à laquelle ils substituent la calèche). Depuis maintenant trois siècles, la vie des membres d'une communauté amish gravite autour de l'agriculture, l'artisanat, l'éducation des enfants (au sein de très larges familles) et enfin les offices religieux. Même s'ils ont des contacts avec le monde extérieur lorsqu'ils vont en ville étudier (l'école est obligatoire pour les enfants jusqu'à 12 ans), s'approvisionner et vendre leurs produits artisanaux, les Amish affichent un mode de vie toujours plus en décalage avec la société d'hyperconsommation.

Comment ce mode de vie décalé influence-t-il la santé psychique des membres de ces communautés ? À la fin des années 1970, deux psychiatres américains ont étudié les fréquences de maladies psychiques au sein d'une communauté amish de 12 500 individus à Lancaster, en Pennsylvanie. Ils ont non seulement obtenu des taux pour les différentes maladies psychiques étudiées (dépression, syndrome bipolaire…) moitié moindres que dans le reste de la population américaine, mais ont également noté une quasi-absence d'addictions à l'alcool et la drogue (dont les consommations sont prohibées par l'ordre amish) et de comportements antisociaux (le pacifisme est une valeur cardinale chez les Amish).

La santé mentale s'accommoderait ainsi particulièrement bien du mode de vie amish. Plus récemment, deux chercheurs spécialistes du bonheur, Ed Diener et Martin Seligman, ont comparé la satisfaction de la vie de groupes sociaux très différents à partir des réponses glanées au fil de leurs recherches. Les Amish de Pennsylvanie ont présenté un score moyen de 5,8 sur 7, ce qui en fait quasiment le groupe social le plus heureux parmi les groupes étudiés par le duo de chercheurs.

LES MOTIVATIONS DE LA FRUGALITÉ

Le bonheur résiderait-il dans un mode de vie frugal ? Pas nécessairement. À titre anecdotique, dans la comparaison précédente, le groupe qui est arrivé en tête, juste devant les Amish de Pennsylvanie, n'était autre que celui des Américains les plus fortunés figurant dans le classement du magazine *Forbes*. Or ces individus circulent plus souvent en limousine qu'en calèche. Plus généralement, les résultats sur la relation entre comportement frugal et bonheur sont contradictoires : certaines études obtiennent une corrélation positive, d'autres une corrélation négative, et d'autres encore aucune corrélation du tout[1].

Pourquoi des résultats si clairsemés ? Sans doute parce qu'il existe de multiples causes qui peuvent inciter un individu à adopter un comportement économe. Certaines sont positives, comme lorsque le comportement reflète des valeurs personnelles profondes (ce qui est le cas pour les Amish), alors que d'autres sont franchement négatives. On peut par exemple chercher à contrôler et diminuer ses dépenses pour répondre à une anxiété généralisée (et n'être au final, comme Harpagon, jamais satisfait du niveau de son épargne) ou parce que l'on fait l'expérience d'une baisse de ses revenus ou d'une incertitude sur ses revenus.

LES CONSÉQUENCES DE LA FRUGALITÉ

Une autre explication est qu'un mode de vie frugal peut avoir des conséquences diverses voire opposées sur la satisfaction des besoins fondamentaux de l'individu. Être économe permet de se constituer un matelas d'épargne qui généralement augmente la sensation de sécurité. Les sensations de compétence et d'autonomie peuvent, elles, grandir lorsque le mode de vie frugal s'accompagne du développement de nouvelles aptitudes (savoir tenir un potager, recoudre, réparer…). Mais la sensation d'autonomie peut aussi reculer lorsqu'on fait l'expérience d'une frugalité que l'on n'a pas souhaitée.

Par ailleurs, la connexion avec les autres augmente ou diminue en fonction de la congruence de valeurs entre l'individu et son environnement. Choisir un mode de vie frugal peut isoler lorsque les proches embrassent sans réserve la société de consommation. Il est désagréable de devoir toujours batailler avec ses amis pour dîner à la maison autour des produits du jardin plutôt qu'au restaurant… Au contraire, vivre frugalement tend à améliorer le sentiment de connexion et d'appartenance lorsque cela permet de se rapprocher d'autres personnes ou d'une communauté qui partagent les mêmes valeurs et le même mode de vie.

LA VIE SIMPLE

Ainsi, la frugalité aurait un impact d'autant plus positif sur le bien-être qu'elle serait volontaire et conviviale. Les chercheurs ont observé plusieurs exemples de communautés aux modes de vie simples à l'intérieur des sociétés occidentales qui affichent, comme les Amish, un niveau de bonheur élevé. C'est le cas par exemple des écologistes ou des partisans de la « simplicité volontaire ». Ces derniers forment un mouvement éclectique qui valorise une vie plus lente, plus saine, moins dépensière et énergivore, ainsi qu'une meilleure connexion avec la nature. Des chercheurs[II] ont comparé le bien-être des défenseurs de la vie simple à celui d'autres individus aux caractéristiques sociodémographiques comparables mais qui n'avaient pas adopté ce mode de vie alternatif. Ils ont obtenu une plus grande satisfaction de la vie au sein du groupe de militants.

Le plus intéressant toutefois est que l'effet du mode de vie n'était plus significatif lorsqu'était inséré dans les variables explicatives du bien-être le fait de suivre des valeurs intrinsèques et de vivre en pleine conscience les instants de sa vie. Ainsi, le mode de vie frugal n'est pas positif en soi pour le bonheur. C'est uniquement lorsqu'il coïncide avec les valeurs profondes des individus qui l'ont adopté ou lorsqu'il leur permet au quotidien de prendre le temps de profiter des différents moments de la vie que ce mode de vie est associé à une satisfaction de la vie plus élevée.

ECO-RESPONSABLES

Dans la même veine, les comportements éco-responsables offrent des bénéfices à ceux qui s'y adonnent sciemment. En Chine, un pays marqué par la pollution et la dégradation environnementale, les consommateurs qui optent régulièrement pour des produits responsables de l'environnement affichent des scores de satisfaction de la vie supérieurs à ceux des autres consommateurs, après contrôle des différents facteurs socio-économiques pertinents[III].

Les résultats ne sont pas propres à la Chine. Partout, la conscience environnementale apporte son lot de bienfaits psychologiques. Dans une étude ambitieuse[IV] portant sur plus de 30 000 personnes réparties sur 67 pays, deux chercheurs allemands ont obtenu que la satisfaction de la vie était, à l'échelle internationale, reliée positivement et significativement à la consommation de produits soucieux de l'environnement, au recyclage, à l'utilisation de produits de seconde main et aux pratiques d'économie de l'eau. Forts de ces observations, les deux chercheurs concluent que les décisions individuelles sont souvent irrationnelles car elles mettent un poids excessif sur la quantité de produits consommés et un poids insuffisant sur la qualité des produits.

VIVRE LA FRUGALITÉ AU SENS PROPRE

La frugalité paie aussi lorsqu'elle est vécue conformément à son étymologie ! Changer sa consommation de nourriture vers davantage de fruits et légumes a des effets vérifiés sur la santé à long terme mais aussi sur le bonheur, à plus court terme. Dans une étude sur des données australiennes, des chercheurs[v] ont pu montrer qu'un changement des pratiques alimentaires pouvait avoir un impact significatif sur la satisfaction de la vie. En suivant les comportements alimentaires des mêmes personnes sur deux enquêtes séparées de deux ans, ils ont obtenu (après de multiples contrôles) que l'ajout d'une portion supplémentaire de fruits et légumes par jour entraînait une hausse de 0,03 points de satisfaction de la vie (sur une échelle de 0 à 10). Les cas extrêmes où les personnes ont augmenté leur consommation quotidienne de fruits et légumes de huit portions (sans qu'on sache si elles se sont transformées *in fine* en koalas…), ont ainsi bénéficié d'une satisfaction de la vie rehaussée de 0,24 points, soit un surcroît équivalent aux personnes de l'échantillon sorties du chômage. Les auteurs ne peuvent dire en revanche si l'amélioration psychologique déclarée est due à des effets physiologiques (*via* les vitamines, les antioxydants ou les bactéries intestinales…) ou à un effet placebo (les sondés s'auto-persuadent peut-être qu'ils sont en meilleure santé). En tous cas, ces résultats confirment et étendent ceux d'autres études qui avaient obtenu que la consommation de fruits et légumes améliorait le bien-être émotionnel d'un jour sur l'autre.

L'EFFET IKEA

Au-delà des consommations responsables ou saines, on peut aussi être fier de ses réalisations de consomma(c)teur. On peut s'essayer à la couture, au bricolage, à l'empaillage de chaises… Il ne s'agit alors plus d'acheter des produits finis mais seulement les matières premières. On peut aussi, plus modestement, s'impliquer dans le montage de ses meubles. Monter soi-même les produits que l'on a achetés entraîne une sensation agréable de compétence et a tendance à doper ponctuellement l'estime de soi. Néanmoins, contrairement aux usages précédemment cités, monter soi-même ses meubles n'entraînera pas nécessairement une économie. Les économistes ont en effet repéré un effet étonnant : les consommateurs sont prêts à payer plus cher des produits en kit que les mêmes produits déjà montés[VI] ! C'est « l'effet Ikea ». Anticipant un effet positif pour leur estime de soi et leur sensation de compétence, ils acceptent de surpayer les produits qu'ils devront (péniblement) monter.

Des chercheurs[VII] ont réussi à montrer que l'estime de soi était bien le médiateur de cet effet Ikea. Ils ont pu augmenter ou baisser l'estime de soi de participants à une expérience par des manipulations (par exemple en donnant à résoudre des problèmes de mathématiques simples ou complexes) et observer ensuite leur appétence pour les produits en kit et les prix qu'ils étaient prêts à payer pour ces produits. Ceux-ci sont ressortis plus importants après que l'estime de soi des sujets a été artificiellement abaissée et inversement moins importante quand elle avait été préalablement dopée par les expérimentateurs. Quand on en a besoin, on est prêt à payer pour des petits challenges que l'on sait pouvoir réussir.

DES COCRÉATEURS AUX HACKEURS

On peut aussi exprimer son goût, sa personnalité et sa créativité à partir de ses consommations. On peut personnaliser des T-shirts, des baskets, des mugs et devenir ainsi cocréateur des produits que l'on consomme. On peut pousser l'expérience encore un peu plus loin en cherchant des usages détournés des objets achetés. C'est tout le sens du mouvement du *Ikea hacking* : acheter un meuble en kit pour en faire quelque chose de tout autre. Un ensemble de deux tabourets fera ainsi une très jolie draisienne (un vélo sans pédale) ou, au choix, une étagère murale étonnante avec des panneaux semi-circulaires. On peut faire l'un, le démonter, puis faire l'autre, sans avoir à racheter. Ou comment faire rimer frugalité avec créativité.

En pratique, ce que vous pourriez faire...

▶ Participer à plusieurs à la « journée sans achat » qui a lieu chaque année.

▶ Vous astreindre vous-même chaque mois à une journée sans achat.

▶ Passer chez Emmaüs ou dans des boutiques de seconde main avant d'acheter des meubles ou des vêtements neufs.

▶ Acheter (une fois) des Lego à vos enfants et des meubles en kit pour vous, chez Ikea ou auprès de fabricants plus artisanaux.

▶ Aller chercher des idées de détournement sur ikeahackers. net

▶ Troquer plusieurs fois par semaine des repas riches pour des repas à base uniquement de fruits et légumes.

▶ Pratiquer le jeûne une fois par mois.

▶ Prendre des cours pour apprendre à coudre, tricoter, bricoler, cultiver, réparer, repriser...

▶ Vous rapprocher de personnes ou d'associations qui partagent les mêmes valeurs que vous.

Pratiquer une consommation collaborative sélective

> *« Tout individu collabore*
> *à l'ensemble du cosmos. »*
>
> Nietzche

Les pratiques collaboratives se développent vite et suscitent l'intérêt de la majorité de la population. Comme le révèle une étude Ipsos[1] sur les Français et les pratiques collaboratives, les pratiquants collaboratifs se montrent critiques envers la société de consommation actuelle mais ils ne sont pas pour autant dans un rejet massif de la consommation. Ce sont des individus qui veulent prendre de la distance vis-à-vis du modèle standard et reprendre le contrôle de leur consommation en accordant une attention renouvelée aux produits, aux producteurs et aux canaux de distribution.

Avec les possibilités offertes par Internet et les smartphones, il est aujourd'hui facile d'utiliser des biens et services sans les acheter au prix fort et sans passer par les circuits classiques. Les plateformes se sont multipliées pour différents types de services : achat d'occasion (leboncoin), groupé (Groupon), mutualisé ou en direct chez l'exploitant ou *via* une AMAP ; location (Zipcar, Zilok) ; partage (Bla-BlaCar) ; échange ou troc, etc. Ces pratiques émergentes ont un fort potentiel pour générer du bonheur puisque, au moins en théorie, elles permettent aux usagers de :

- développer de nouvelles relations sociales, voire un sentiment d'appartenance à une communauté ;
- bénéficier d'un surcroît de revenus ou de pouvoir d'achat ;
- vivre selon leurs valeurs et remettre ainsi du sens dans leurs comportements de consommation et de production ;
- développer des compétences et observer leur utilité sociale ;
- se sentir davantage autonomes grâce à ces compétences.

ACTIFS SANS ACTIFS

Dans les faits, malheureusement, les bienfaits sont plus mitigés. Certaines plateformes ont tendance à creuser les inégalités sociales (d'accès aux revenus et à la consommation) plutôt qu'à créer du lien social. Ceux qui profitent le plus des plateformes sont souvent des gens urbains, éduqués et plutôt aisés[II], surtout lorsque les usages impliquent des tickets d'entrée élevés ou quand ils nécessitent la mise à disposition d'actifs chers.

Airbnb, qui met en relation des propriétaires de logements et des locataires de courte durée, est en cela l'exemple parfait. Il permet un doublement, voire un triplement, des revenus locatifs pour ceux qui sont propriétaires d'un logement dans les zones touristiques les plus demandées. Or, tout le monde n'a pas la chance d'avoir un appartement dans le centre de Paris ou sur la Croisette à Cannes. Ce sont aussi les personnes aux revenus confortables et qui ont l'habitude et les moyens de voyager qui profitent de la baisse des coûts d'hébergement partout dans le monde permise par les services Airbnb.

Pire, en choisissant de loger chez des particuliers plutôt qu'à l'hôtel, ces usagers à haut niveau d'éducation et de revenus se retrouvent à faire des travaux manuels (faire son lit, faire les courses, cuisiner, nettoyer la vaisselle…) qui d'ordinaire sont réalisés par des personnes de moindre qualification (femmes de chambre, cuisiniers, plongeurs…), entraînant un effet d'éviction défavorable à ces derniers. Un tel remplacement n'est pas l'apanage d'Airbnb. Il a été observé également lors du développement d'autres plateformes, qui vont de la location de voitures personnelles aux banques de services de proximité. Ces services s'imposent au détriment de l'emploi de salariés ou d'indépendants peu qualifiés et modestes.

Déceptions collaboratives

Ensuite, sur les plateformes collaboratives, il existe un nombre important de frictions, empêchant la création de connexions sociales de qualité lors des échanges. Citons par exemple l'hétérogénéité socio-culturelle des usagers, l'hétérogénéité de leurs motivations (idéologiques, sociales ou économiques), la brièveté et le caractère utilitaire des rapports entre usagers, etc. Plusieurs études s'intéressant à des cas très différents de plateformes ont observé une très faible création de liens sociaux par les usagers[III] et une absence de sentiment d'appartenance à une communauté, entraînant parfois jusqu'à la fermeture des plateformes[IV].

Et puis, la qualité des contacts entre usagers peut se détériorer dans le temps à mesure que de nouveaux usagers incorporent la communauté, à cause d'un effet de taille et d'un changement dans les motivations. Cela a été notamment observé dans le cas de Couchsurfing. Cette plateforme créée en 2003, qui permet de loger gratuitement chez l'habitant quand on voyage, fonctionne autour du principe de réciprocité indirecte. Chacun est tour à tour hôte (il reçoit chez lui des voyageurs) et invité (il est hébergé lorsqu'il voyage). Les usagers historiques voyaient dans Couchsurfing l'expression d'un nouveau mode de vie fondé sur la gratuité, l'échange, mais aussi le partage, les invités et les hôtes passant des moments de convivialité ensemble. Le sociologue Pablo Parigi et ses collègues[v] ont montré que les premiers usagers de Couchsurfing avaient noué de réelles amitiés grâce aux rencontres faites via la plateforme. Malheureusement, dans une étude de suivi[vi], ils ont aussi observé que, petit à petit, la qualité des relations sociales entre usagers de la plateforme s'était dégradée et que bon nombre de membres « historiques » témoignaient d'un désenchantement face au changement d'attitude des nouveaux utilisateurs et à des relations devenues progressivement plus utilitaristes, plus superficielles et moins durables.

De la même manière, l'esprit d'Airbnb a changé à mesure que les chambres proposées chez l'habitant (souvent en sa présence) ont laissé la place à des logements entiers laissés libres avec pour seul et unique contact avec le propriétaire les quelques minutes nécessaires pour la remise puis la reprise des clés.

OMNI ECONOMICUS

Une caractéristique commune aux plateformes collaboratives est qu'elles attirent et font cohabiter des individus aux motivations très différentes, les empêchant de former une communauté de partage de valeurs. Pour Juliet Schor, spécialiste de la consommation collaborative au Boston

College, on trouve dans l'écosystème collaboratif trois grands types de comportements économiques :

- un premier groupe, représentant environ un tiers des personnes, est formé d'agents économiques rationnels (*homo economicus*) qui cherchent à optimiser leurs comportements économiques en maximisant leurs revenus et en minimisant leurs dépenses ;
- un deuxième groupe, comprenant 40 % des personnes, affiche des objectifs mixtes, économiques mais également sociaux ou idéologiques ;
- enfin, un troisième groupe, minoritaire, a besoin d'utiliser ces plateformes pour boucler son budget mensuel.

Contre leur motivation originelle, les plateformes collaboratives pourraient paradoxalement conduire à installer encore un peu plus des comportements d'agents économiques asociaux. En permettant de « marchandiser » facilement des dimensions de la vie qui étaient jusque-là relativement épargnées (le logement, le temps libre…), elles incitent indirectement à penser et agir comme *homo economicus* du matin jusqu'au soir et sept jours sur sept, au risque de rendre les personnes moins capables de profiter de la vie et de ses plaisirs gratuits. Juliet Schor[VII] relate ainsi le témoignage d'hôtes d'Airbnb qui se sentaient devenir cupides au point de ressentir de l'aigreur envers les membres de leurs familles, qui, venant les visiter, leur occasionnaient des pertes de revenus locatifs ! Cette transformation des esprits provoquée par de nouvelles sources de revenus fait écho à celle que l'on peut observer chez les professionnels payés à l'heure (voir leçon n° 8).

Au final, ce sont les plateformes vraiment basées sur le partage (sans échange d'argent entre les usagers) et où les contacts humains sont suffisamment longs en durée et non utilitaires pour permettre une interaction sociale riche qui ont le pouvoir de rendre leurs membres un peu plus heureux. Charge à chacun de distinguer dans l'offre touffue de services collaboratifs lesquels présentent ce potentiel.

En pratique, ce que vous pourriez faire…

- Héberger gratuitement des voyageurs chez vous *via* Couchsurfing.
- Consulter les plateformes de covoiturage pour les longs trajets (BlaBlaCar) ou les trajets de proximité (IDVroom de la SNCF).
- Pratiquer le woofing (partir en vacances gratuitement chez l'habitant en échange de services).
- Troquer vos compétences contre d'autres services (*via* des plateformes comme YaKaSaider, Partag'heures, etc.).

Leçon n° 21
Tenir son budget

> *« Quiconque n'épargne pas le quart*
> *de ses revenus est un criminel ! »*
> Adolphe Thiers

Les dettes sont généralement associées à un bien-être diminué. Les études sont nombreuses[i] qui montrent que les individus endettés connaissent à la fois un bien-être émotionnel réduit, davantage de stress, de problèmes psychiques et physiques ainsi qu'une satisfaction de la vie plus basse. Ils ont également davantage de problèmes annexes qui amputent également leur satisfaction dans les autres domaines de la vie, notamment la vie de famille. Dans les ménages endettés, les conjoints rapportent par exemple vivre davantage de conflits, y compris autour de sujets non financiers.

ARITHMÉTIQUE MENTALE

Si la situation financière réelle d'un ménage peut être déduite de son patrimoine net (ses actifs moins ses dettes) et de la différence entre ses revenus réguliers et ses dépenses, la situation financière perçue répond, elle, à une autre arithmétique. Pour gérer un budget ou un patrimoine, nous avons tendance à nous simplifier la tâche en créant des compartiments mentaux plus faciles à gérer que le tout. Contrairement à la théorie économique classique, ces comptes mentaux ne sont pas fusionnés systématiquement en vue d'une optimisation globale. Nous les gardons souvent séparés les uns des autres, attribuons à chacun d'eux un usage spécifique et adaptons nos comportements en conséquence. Un compte de recettes (par exemple, la participation annuelle) se verra ainsi affecter un type de dépenses correspondantes (les vacances) tandis qu'à un compte d'épargne seront associés un objectif et un type de placement adéquats.

Cette comptabilité mentale à double entrée n'est pas optimale sur le plan économique dans la mesure où elle génère des erreurs de gestion (de l'épargne qui dort, des attributions de recettes multiples…) mais elle a le mérite de donner une sensation de contrôle agréable. Dans ce cadre mental, les dettes ne sont pas exactement l'envers des actifs et la perception des dettes dépend des actifs qu'elles ont financés (un crédit immobilier n'équivaut pas à un crédit à la consommation). Par conséquent, l'appréciation générale par les personnes de leur patrimoine et leur satisfaction financière ne seront pas un calque de leur situation patrimoniale réelle.

Être satisfait de sa situation financière

Daniel Gray[II], de l'université de Sheffield, a confirmé ces dernières prédictions en observant et en modélisant l'impact de la composition du patrimoine sur les préoccupations financières et la satisfaction de la vie des Allemands. Les dettes influencent les préoccupations financières avec un facteur 30 par rapport aux actifs détenus, avec un effet supérieur des dettes non reliées à des actifs immobiliers. Le fait de se dire inquiet de sa situation financière entraîne une diminution de la satisfaction de la vie de près d'un point (sur une échelle de 0 à 10), soit un effet supérieur à celui d'une mauvaise santé déclarée.

Un dernier résultat de cette étude mérite une attention particulière. Une fois pris en compte les inquiétudes financières, les variables financières objectives n'ont plus aucun impact significatif sur la satisfaction de la vie. Ce qui veut dire que les dettes influencent la satisfaction de la vie uniquement parce qu'elles modifient fortement la satisfaction financière. Et l'on peut donc imaginer des individus très satisfaits de leurs vies malgré un haut niveau de dettes, par exemple s'ils considèrent celles-ci comme étant sous contrôle ou parfaitement justifiées.

C'est ce qui a été observé par exemple dans une recherche[III] sur le bien-être psychologique des étudiants aux États-Unis. Malgré les montants élevés que peuvent atteindre les prêts étudiants, ils n'ont en moyenne pas d'incidence claire sur le bien-être de ceux qui les ont contractés. En revanche, dans cette même étude, les chercheurs ont pu repérer que le niveau des dettes était, en toute logique, associé à un bien-être rogné chez les étudiants qui se disent inquiets du niveau de leurs dettes. Certains étudiants vivent bien leurs dettes et d'autres non. Il en va de même pour les adultes. Un même effet a été documenté chez les adultes angoissés par le niveau de leurs dettes[IV] ou chez les personnes non satisfaites de leur niveau d'épargne[V].

Ainsi, ce ne serait pas le niveau des dettes et de l'épargne qui impacterait le bien-être mais davantage leur perception et la satisfaction ou l'insatisfaction qui y est associée. À partir d'une étude sur plus de 700 paires de jumeaux, Sandy Johnson et Robert Krueger[VI] ont pu observer que la perception de la situation financière n'était tout compte fait que peu corrélée avec la situation financière réelle. Et la situation financière réelle n'influence au final la satisfaction de la vie que lorsqu'elle affecte la situation financière perçue et la sensation de contrôle que ressent l'individu. Une situation financière dégradée n'affecte le bonheur que si on la perçoit comme telle et que l'on ressent de ce fait une perte de contrôle sur sa vie.

L'IMPORTANCE DU CASH

Parmi les variables financières qui influencent la situation financière perçue, l'épargne disponible joue un rôle à part car elle alimente directement la sensation de contrôle sur sa vie ainsi que la sensation d'autonomie. En croisant les données subjectives de clients d'une banque anglaise avec leurs relevés de compte, un groupe de chercheurs[VII] a pu observer que le cash disponible de manière récurrente (en début de chaque mois pendant douze mois) avait une incidence six fois supérieure sur la sensation de bien-être financier que l'épargne placée dans des produits financiers non liquides. En cumulant les effets directs et indirects, les montants disponibles en cash ont également un impact 50 % plus fort sur la satisfaction de la vie que les montants immobilisés dans des placements. Comme pour le revenu, les effets de l'épargne disponible sur la satisfaction de la vie sont marginalement décroissants. L'amélioration de la satisfaction quand on passe de 0 à 10 000 euros d'épargne disponible est très supérieure à celle ressentie quand on passe de 10 000 euros à 20 000 euros. Ainsi faut-il, sur la base de ces résultats, s'efforcer de se (re)constituer un matelas, même petit, d'épargne liquide qui servira à la fois d'épargne de précaution (en cas de coup dur) et d'épargne de liberté (pour financer un projet non anticipé). Et de ne pas faire l'erreur d'utiliser toute son épargne disponible pour financer l'apport lors d'un achat immobilier.

L'AUTO-EFFICACITÉ FINANCIÈRE

Se créer un réservoir de cash est une voie efficace vers la satisfaction financière. Augmenter sa confiance dans ses qualités de gestionnaire de budget en est une autre. Dans les années 1970, le célèbre psychologue canadien Albert Bandura développa le concept d'auto-efficacité, c'est-à-dire la croyance dans sa propre capacité à réussir dans une certaine situation, qu'il considéra comme centrale dans l'attitude des individus face aux objectifs qu'ils se fixent, aux tâches qu'ils ont à réaliser et aux défis qu'ils doivent affronter.

S'inspirant de ses travaux, des chercheurs[VIII] ont développé le concept d'« auto-efficacité financière », la croyance de l'individu dans sa capacité à bien gérer ses finances, et l'ont mesurée à l'aide d'un questionnaire dont les résultats permettent de placer les individus plus ou moins haut sur une échelle.

Il ressort que les individus en haut de l'échelle d'auto-efficacité financière n'ont pas moins de dettes que les autres. Au contraire, ils tendent même à en avoir plus, mais ils assument davantage cette dette qu'ils associent à des projets personnels (un prêt étudiant, une maison de famille, un voyage à l'étranger…). Pour eux, l'argent tend à être relégué au rang de moyen en vue d'atteindre des objectifs supérieurs, un moyen sur lequel ils considèrent avoir le contrôle. En conséquence, malgré leurs dettes supérieures, leur niveau de satisfaction de la vie est généralement plus élevé. Les leviers pour améliorer satisfaction financière et satisfaction de la vie sont à chercher dans les méthodes concrètes permettant d'augmenter la sensation de maîtrise sur ses finances (voir l'encadré, page suivante).

En pratique, ce que vous pourriez faire...

▶ Évaluer à quel point votre situation financière crée chez vous de l'anxiété et, le cas échéant, voir quelles sont les possibilités pour rapidement améliorer votre situation (par exemple, en renégociant un prêt).

▶ Évaluer votre sentiment d'« auto-efficacité financière ».

▶ Améliorer ce sentiment en réussissant à épargner pour un projet, puis pour un autre plus important.

▶ Utiliser un logiciel ou une application smartphone de gestion de budget.

▶ Mettre en place des procédures automatiques (limites de découvert, versements automatiques vers un compte épargne...) pour contraindre votre comportement.

▶ Retirer en cash un montant fixe par semaine et régler toutes vos dépenses avec.

▶ Vous constituer un matelas d'épargne disponible en rendant liquide de l'épargne jusque-là bloquée (assurance-vie, PEA, PEE...).

▶ Vous faire assister par un conseiller financier

Leçon n° 22
Faire des cadeaux toute l'année

« Les cadeaux sont comme les conseils :
ils font plaisir surtout à ceux
qui les donnent. »
Édouard Herriot

L'étude de l'effet hédonique des biens relationnels a déjà montré que dépenser son argent *avec* les autres était plus efficace que consommer en solo (voir leçon n° 14). Qu'en est-il des dépenses *pour* les autres ? Le plaisir d'offrir est-il autre chose qu'un slogan publicitaire ?

ÉLOGE DE LA GENTILLESSE

A priori, l'hypothèse d'un effet positif des actes de générosité ne paraît pas farfelue. Loin de l'économie, les psychologues ont déjà montré que la gentillesse favorisait le bonheur. Lorsque des chercheurs demandent à des sujets de réaliser des actes de gentillesse sur une période donnée, ces sujets finissent la période avec un niveau de bonheur supérieur, lequel perdure plusieurs semaines après la fin de l'expérience[i]. De même, les études de terrain montrent que les gens qui ont l'habitude d'aider leurs proches tendent à être plus heureux que les autres[ii].

Un effet identique est également observé lorsque les individus doivent seulement prêter attention à leurs actes de gentillesse. Par exemple, lorsqu'ils doivent tenir un journal de bord de leurs actes de gentillesse durant une semaine, ils affichent un niveau de bonheur accru jusqu'à un mois après[III]. Selon les psychologues, les actes de gentillesse améliorent le bonheur en insufflant à l'individu la sensation qu'il peut lui-même changer les choses de manière positive et en favorisant sa connexion avec les autres.

DES DÉPENSES PROSOCIALES

Elizabeth Dunn, professeur de psychologie à l'université de Colombie-Britannique à Vancouver, ainsi que Laura Aknin et Michael Norton, chercheurs à la Harvard Business School, se penchent sur la relation entre les dépenses pour les autres, autrement appelées « dépenses prosociales », et le bonheur depuis plusieurs années. Une première étude[IV], s'appuyant sur plusieurs expériences, a été publiée en 2008 dans la revue *Science* et a fourni des conclusions convaincantes.

Dans un premier temps, les chercheurs se sont intéressés à la corrélation entre le montant associé aux dépenses prosociales et le bonheur. Pour cela, ils ont rassemblé un échantillon de 630 individus représentatifs de la population américaine à qui ils ont demandé de renseigner leur niveau de bonheur ainsi que leurs revenus, le montant total de leurs dépenses personnelles (factures, dépenses diverses, cadeaux pour soi) et le montant de leurs dépenses prosociales (cadeaux pour autrui et dons caritatifs).

Si le niveau de revenus et le niveau des dépenses sociales sont ressortis positivement et significativement corrélés avec le bonheur, le niveau des dépenses personnelles, lui, n'a présenté aucune relation significative avec le bonheur. Seules les dépenses prosociales sont associées au niveau de bonheur. Pourtant, elles sont d'un ordre de grandeur de 1 à 10 par rapport aux dépenses personnelles (dépenses forcées incluses)…

Néanmoins, la portée de ce premier résultat est limitée puisque ne sont comparées que des corrélations. À ce premier point-étape, il était impossible pour les trois chercheurs de dire s'il y avait un quelconque lien de causalité entre les dépenses altruistes et le bonheur et quelle direction le lien (hypothétique) prenait.

DES BONUS UTILES

Pour aller plus loin, ces chercheurs ont tenté d'observer un choc de revenu affectant la structure des dépenses de manière à pouvoir observer si des dépenses prosociales extraordinaires faisaient varier le niveau de bonheur. Ils ont pu mener à bien cette recherche à partir de l'observation du bonheur d'employés d'une même entreprise avant et après l'obtention et l'utilisation de leur bonus annuel. En observant l'utilisation du bonus et le bonheur des employés avant et après le bonus, ils ont obtenu un résultat semblable à celui de la première étude : seules les dépenses prosociales (cadeaux et dons) ont eu un impact positif significatif sur le bonheur de ces employés. Ceux qui ont alloué une plus grande partie de leur bonus à ces dépenses altruistes ont connu ensuite le bonheur le plus élevé. Par ailleurs, la manière avec laquelle l'argent a été dépensé a eu au final plus d'importance que le montant du bonus lui-même.

Les résultats présentés dans cette étude convergent pour montrer que les dépenses prosociales sont positives pour la personne qui les initie et qu'*a priori* le fait d'offrir (ou donner) importe plus que le montant du cadeau.

DE GÉNÉREUX DICTATEURS

L'impact sur l'initiateur est encore augmenté quand celui-ci peut interagir avec la personne qui reçoit le cadeau. C'est la conclusion d'une autre recherche menée par le même trio de chercheurs. À l'aide de plusieurs expériences, ils ont pu évaluer si les dépenses sociales augmentaient le bonheur en partie parce qu'elles favorisaient la connexion sociale. Pour cela, ils ont imaginé des protocoles dans lesquels les participants faisaient des dons à d'autres personnes avec qui ils étaient amenés à interagir ou pas.

Dans une expérience, les chercheurs ont eu recours au jeu du dictateur. Dans ce grand classique de la théorie des jeux comportementale, les sujets sont répartis en deux groupes (les dictateurs et les receveurs) et fonctionnent par binômes. Les dictateurs se voient attribuer une somme d'argent par l'expérimentateur et décident unilatéralement de la portion qu'ils acceptent de céder à leur binôme. Selon les instructions du jeu, ce binôme peut être connu ou anonyme. Les dictateurs repartent ensuite avec la fraction qu'ils ont décidé de conserver, le reste allant au binôme.

Contrairement aux prédictions de la théorie économique standard, les innombrables recherches sur les décisions dans le jeu du dictateur montrent que, dans la plupart des cultures, les participants sont en général un minimum altruistes (une majorité des dictateurs cèdent une partie aux receveurs). Les dons sont d'autant plus élevés que l'identité du dictateur est connue (de l'expérimentateur et/ou du receveur), traduisant chez les dictateurs la motivation d'afficher une image sociale positive.

CHALEUR HUMAINE

En revanche, il n'est pas prouvé que la générosité dans le jeu affecte le bonheur des dictateurs, notamment lorsque le jeu s'effectue en double aveugle (l'identité du dictateur reste inconnue de l'expérimentateur et du receveur). Dunn, Aknin, Norton et Sandstrom ont voulu voir si le niveau d'interaction sociale entre dictateurs et receveurs influençait le bénéfice hédonique à se montrer généreux dans le jeu.

Ils ont pour cela divisé leur groupe de dictateurs en deux sous-groupes : dans l'un, les participants étaient avertis qu'ils devraient remettre eux-mêmes aux destinataires la somme qu'ils leur avaient allouée, tandis que dans l'autre les participants ont reçu la consigne de remettre l'argent dans une enveloppe à l'expérimentateur qui transmettrait ensuite aux binômes. Ils ont en outre relevé différentes mesures du bien-être de tous les participants à l'expérience avant et après le jeu.

Ils ont obtenu que le montant des cessions influençait les indicateurs de bien-être des dictateurs (bonheur et émotions positives) au terme du jeu uniquement lorsque les dictateurs avaient dû entrer en contact avec leurs partenaires de jeu. La générosité n'a eu d'impact que lorsqu'elle s'est accompagnée de contact social. Inversement, dans un tel contexte, ne pas donner une somme suffisante est associé à moins d'émotions positives et plus d'émotions négatives, notamment la honte[v].

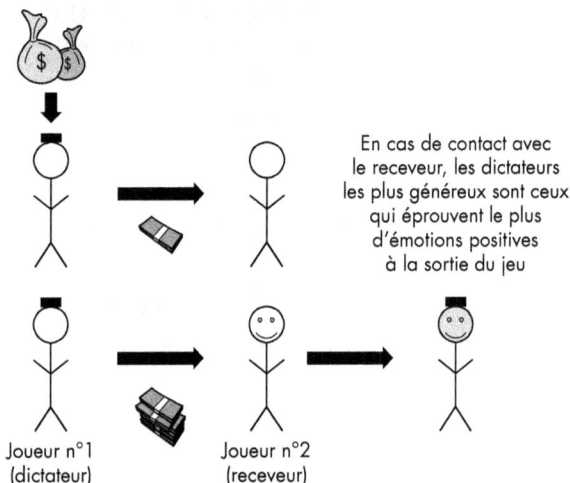

Figure 11. L'impact émotionnel de la générosité
dans le jeu du dictateur

Ce résultat issu du jeu du dictateur a ensuite été retrouvé dans une autre expérience en dehors du laboratoire. Cette fois, les sujets devaient utiliser des bons-cadeaux Starbucks offerts par les expérimentateurs. C'est uniquement lorsqu'ils ont utilisé leurs bons pour offrir un café à leurs amis *en leur compagnie* que les participants ont vu leur bonheur progresser.

En pratique, ce que vous pourriez faire...

▶ Faire des cadeaux à vos proches toute l'année, et pas seulement à Noël et aux anniversaires.
▶ Leur remettre les cadeaux en mains propres plutôt que de les envoyer par la poste.
▶ Leur offrir des expériences en votre compagnie (événements, spectacles...).

Ne pas attendre le Téléthon pour donner

> *« Quand je paie une dette, c'est un devoir que je remplis ; quand je fais un don, c'est un plaisir que je me donne. »*
>
> Jean-Jacques Rousseau

L'impact positif de la générosité dépasse le seul cercle des proches. L'altruisme généralisé (à différencier de l'altruisme de proximité) est également un levier efficace pour augmenter le bonheur. Le don aux organisations caritatives a été associé aux mêmes effets positifs sur la santé psychique que les cadeaux.

LE DON, VECTEUR DE BONHEUR DANS LE MONDE

Pour s'en convaincre, on peut se tourner vers une étude internationale[1] sur la relation entre les dons caritatifs et le bonheur menée par une équipe de neuf chercheurs. Ils ont par exemple analysé les réponses des sondés du Gallup World Poll à l'échelle mondiale et ont pu noter que dans 120 pays sur les 136 étudiés, le fait de déclarer avoir donné à une organisation caritative durant le mois écoulé avait une influence positive sur le bonheur (mesuré par l'évaluation de la vie ou par la satisfaction de la vie). L'effet prévaut aussi bien dans les pays riches que dans les pays pauvres. Lorsqu'on effectue à l'échelle mondiale une régression du niveau de bonheur sur différentes variables incluant le fait d'avoir donné ou non, celui-ci apparaît comme ayant le même impact qu'un doublement des revenus !

La « douce chaleur » du don

Néanmoins, dans cette recherche, il était impossible, du fait des données étudiées, de savoir si l'effet observé était celui d'un don unique ou d'un don répété régulièrement. Pour obtenir des résultats plus clairs, les chercheurs ont cherché à évaluer l'impact d'un don caritatif unique sur le bien-être dans différents contextes culturels. Ils ont pour cela proposé aux sujets d'une expérience menée conjointement au Canada et en Afrique du Sud de dépenser la récompense de leur participation à l'expérience en achetant un sac-cadeau (pouvant contenir au choix du chocolat ou un jus de fruits) pour eux ou pour un enfant malade d'un hôpital à proximité immédiate de l'université. En regardant les réponses à différentes mesures du bien-être des participants avant et après l'expérience, ils ont noté que les participants ayant choisi d'offrir leur récompense à un enfant malade ont connu un surcroît d'émotions positives supérieur aux participants ayant gardé la récompense pour eux (mais pas d'évolution particulière de leur satisfaction de la vie).

Contrairement aux cadeaux, le don a une influence sur le bien-être émotionnel même lorsqu'il est isolé et qu'il n'implique aucun contact social. Cela est confirmé par les études neurologiques. Les dons philanthropiques stimulent des zones cérébrales connues pour intervenir dans la sensation de plaisir ressentie suite à l'obtention d'une récompense[II], par exemple le striatum ventral et le cortex frontal orbital. La stimulation cérébrale est plus importante quand le don est volontaire que lorsqu'il est forcé (par le truchement de l'impôt)[III]. Cette différence d'amplitude entre dons volontaires et dons forcés se retrouve dans l'impact sur les indicateurs de bien-être rapportés par les individus[IV]. Ainsi, le fait de donner procure une émotion agréable, comme une « douce chaleur » (appelée *warm glow* par les psychologues anglo-saxons).

L'effet positif du don sur la satisfaction de la vie paraît un peu moins automatique. Sans doute une certaine répétition est-elle nécessaire pour influencer cette dimension plus cognitive du bonheur. Les résultats tant sur le don que sur le bénévolat signalent que la fréquence des actes altruistes conditionne l'amplitude de l'impact qu'ils ont sur la satisfaction de la vie.

Testez-vous : quelle place accordez-vous aux dépenses altruistes ?

Comme pour la « part expérientielle », une façon de le savoir est de mesurer la part de votre budget (hors dépenses contraintes) que vous consacrez aux dépenses pour les autres, sous forme de cadeaux à vos proches ou sous forme de dons.

À son tour, cette « part altruiste » peut se calculer chaque mois de la manière suivante :

$$\text{Part altruiste} = \frac{\text{(dépenses altruistes)}}{\text{(dépenses totales)} - \text{(dépenses contraintes)}} = \_\_ \%$$

Ainsi construit, cet indicateur prend lui aussi des valeurs comprises entre 0 et 100 %. S'il ressort très faible, vous avez trouvé un nouveau levier pour améliorer votre bonheur : offrir et donner plus.

Le même exercice peut être réalisé à partir du temps libre. Quelle fraction de votre temps libre offrez-vous aux autres (pour les aider, les soutenir, etc.) ? La leçon n° 32 vous montrera à quel point participer à des actions bénévoles peut être bénéfique pour votre bonheur personnel.

DONNER ET S'ENRICHIR

Faire des dons réguliers à des associations caritatives peut même paradoxalement donner la sensation de… s'enrichir ! Deux chercheurs, Zoe Chance et Michael Norton (qui participait déjà aux études citées plus haut), respectivement à Yale et Harvard, se sont intéressés aux déterminants de la richesse subjective, c'est-à-dire telle que perçue par les individus[v]. À partir de données provenant de deux enquêtes différentes menées sur les ménages américains, les deux chercheurs ont pu observer que les dons caritatifs augmentaient l'impression de richesse des individus, même après contrôle par leurs revenus réels.

Pour l'impression de richesse, les dollars donnés pèsent plus que les dollars gagnés. Donner 500 dollars à une association augmente l'impression de richesse autant que gagner 1 600 ou 10 000 dollars de revenus en plus par an (selon l'enquête utilisée). À l'aide de plusieurs expériences, ils ont pu ensuite éclairer la compréhension de la relation entre don et richesse subjective. Il y a bien un lien de causalité (et pas seulement de corrélation) entre le fait de donner et l'impression de richesse.

DIMENSION STATUTAIRE

Précisément, le don augmente l'impression de richesse mais aussi la sensation de puissance et de statut, avec une conséquence inattendue : donner diminue ensuite la propension à acheter des biens statutaires, comme par un effet de substitution. La « douce chaleur » ressentie par les donateurs serait donc, au moins en partie, statutaire.

Ce qui pourrait expliquer un fait particulièrement troublant : les pauvres aux États-Unis (les ménages qui gagnent moins de 20 000 dollars par an) dépensent en dons davantage en proportion de leurs revenus que les ménages beaucoup plus riches qu'eux. Donner permet de se sentir mieux et sans doute d'oublier, ponctuellement, la pauvreté.

Au final, on est riche seulement de ce que l'on peut donner. Et la relation entre don et bonheur est une relation étonnante que Voltaire a su retranscrire dans une très belle formule : « Le bonheur est souvent la seule chose qu'on puisse donner sans l'avoir, et c'est en le donnant qu'on l'acquiert. »

En pratique, ce que vous pourriez faire...

▶ Donner à des personnes dans le besoin.

▶ Donner à des associations caritatives.

▶ Financer des projets sur les plates-formes de *crowdfunding* (KissKissBankBank, MyMajorCompany, Ulule…).

▶ Opter pour des petits dons fréquents plutôt que pour des versements importants mais rares.

▶ Vous renseigner auprès de votre employeur concernant les dispositifs de micro-dons sur salaire.

▶ Approvisionner les boîtes à livres, ces bibliothèques de rue qui permettent de faire circuler les livres. Ou laisser vous-même des livres à disposition sur les bancs publics.

▶ Pratiquer le tourisme solidaire où une partie des recettes est versée aux populations locales.

PARTIE 3

TRAVAILLER
POUR ÊTRE HEUREUX ?

Leçon n° 24
Tout faire pour éviter le chômage

> « *La meilleure façon de lutter contre le chômage, c'est de travailler.* »
> Raymond Barre

S'il est un résultat consensuel de l'économie du bonheur, c'est bien celui qui touche à l'impact fort et durable du chômage sur le bonheur des chômeurs. La satisfaction de la vie telle qu'elle est rapportée par les individus dans les enquêtes est significativement plus basse pour les chômeurs que pour les actifs occupés partageant les mêmes caractéristiques socio-économiques[i]. Perdre son emploi réduit la satisfaction de la vie davantage qu'aucun autre événement de la vie, ou presque[ii].

SURCOÛT PSYCHOLOGIQUE

Quand on perd son emploi, il n'y a pas d'adaptation complète avec le temps. L'impact négatif du chômage est très fort la première année puis reflue un peu, mais il reste significatif à long terme[iii]. La perte de bien-être du chômeur ne se résume pas à une perte de revenus : une étude[iv] évalue ainsi que la perte de revenus n'explique qu'un quart de la perte de bien-être consécutive à la perte de son emploi. Le reste est à rapprocher de la perte dans les autres dimensions du travail (la dimension sociale, la dimension statutaire, la dimension expérientielle…). Une étude dans le temps sur la satisfaction des chômeurs anglais dans différentes dimensions de la vie montre, par exemple, que le chômage est associé à une moindre satisfaction de sa situation financière mais aussi de sa vie sociale[v].

ALLOCATIONS IMPUISSANTES

La conséquence pour les politiques publiques est immédiate : distribuer des allocations chômage généreuses serait insuffisant pour ramener le bonheur des chômeurs au niveau de celui des personnes en emploi. Par exemple, une autre étude que celle déjà citée estime qu'en Angleterre, il faudrait offrir une indemnité de chômage égale à sept fois le salaire perdu pour compenser l'effet très négatif de la perte d'emploi[vi] ! Autant dire que les allocations chômage ne peuvent pas grand-chose contre la misère psychologique des chômeurs.

En revanche, il a été observé que le montant des allocations chômage est positivement corrélé avec le sentiment de sécurité face à l'emploi. La perspective d'allocations de remplacement importantes rassure les travailleurs en poste mais, lorsque le chômage se matérialise, n'est plus alors qu'une rustine très insuffisante.

Un effet d'adaptation est néanmoins observé avec l'expérience des périodes de chômage : le bonheur chute moins quand on perd son emploi si on a déjà fait dans le passé l'expérience d'une période de chômage[1]. La première fois est clairement la plus difficile sur le plan psychologique.

---

1. L'effet négatif des périodes de chômage sur les rémunérations futures suit la même dynamique.

Scarification psychologique

Par ailleurs, l'effet négatif du chômage sur le bonheur individuel demeure encore perceptible même après le retour à l'emploi[VII]. L'impact est d'autant plus prononcé que la période de chômage a été longue. Différentes études sur le sujet ont montré que l'effet prolongé sur le bonheur relevait d'une scarification psychologique profonde (une estime de soi amputée, une identité sociale dégradée)[VIII] et d'un changement durable de perception de l'environnement (un sentiment amplifié d'insécurité face à l'emploi)[IX]. La plaie psychologique se cicatrise seulement quand l'individu quitte le chômage pour partir à la retraite. Il retrouve alors immédiatement un niveau de satisfaction de la vie bien supérieur, identique à celui des retraités n'ayant pas connu le chômage[X].

En outre, la scarification psychologique semble se transmettre aux enfants. Les enfants et adolescents (notamment les garçons) qui ont fait l'expérience d'un père au chômage voient leur niveau de bonheur et d'estime de soi (ainsi que leurs résultats scolaires) baisser durablement, même après la reprise d'emploi de leur père[XI].

Calvaire partagé, calvaire à moitié

Ce qui permet toutefois de *diminuer* le mal-être des chômeurs est que les personnes de leur entourage soient… également au chômage ou que le taux de chômage au sein de la population active soit élevé[XII]. Là encore, la dimension sociale et statutaire du travail semble jouer à plein : le mécanisme de comparaison sociale rend le ressenti à la fois dépendant de sa situation absolue et de sa situation relativement à ses comparables (le conjoint, la famille, les amis…).

Inversement, l'existence d'un taux de chômage élevé dans une population tend à diminuer le bonheur des individus qui sont en emploi[XIII], sans doute davantage à cause de la peur d'être touché à son tour qu'en raison d'un mécanisme d'empathie.

Les « minijobs », un moindre mal

Si le chômage est si préjudiciable pour le bien-être psychique, bien au-delà de la seule perte de revenus qu'il occasionne, faut-il s'évertuer à le réduire à tout prix, par exemple en autorisant les emplois très mal payés ?

Très politique, la question est aussi très controversée. L'exemple allemand fournit toutefois une expérience grandeur nature qui offre des enseignements précieux au-delà des partis pris idéologiques. Parmi les réformes réalisées sous le gouvernement Schröder pour flexibiliser et améliorer le marché du travail allemand (appelées aussi « réformes Hartz » car inspirées par Peter Hartz, alors directeur des ressources humaines de Volkswagen) figurait la réforme Hartz II d'avril 2003 qui créa de nouveaux contrats de travail plus précaires, assujettis à des contributions sociales plus faibles en échange de droits sociaux également réduits (les *minijobs* et les *midijobs*).

Les conséquences de ces réformes du marché du travail ont fait l'objet d'analyses scrupuleuses par de nombreux chercheurs en Allemagne. Analysant les données du panel socio-économique allemand de 1990 à 2006, des chercheurs[XIV] ont ainsi pu comparer la satisfaction de la vie des salariés allemands en contrats précaires (anciens et nouveaux) avec celle de chômeurs aux profils identiques. Et la conclusion est sans appel : pour tous les types d'emplois considérés, l'emploi précaire est associé à une satisfaction de la vie supérieure à celle que génère le chômage.

Se remettre en selle

Une deuxième étude[xv] s'est intéressée à un autre pan de la réforme du marché du travail allemand : l'instauration par la réforme Hartz IV, entrée en vigueur le 1er janvier 2005, des « emplois à 1 euro », c'est-à-dire d'emplois visant à remettre sur le marché du travail des chômeurs (notamment de longue durée) en leur offrant une rémunération complémentaire (1 ou 2 euros par heure) qui s'ajoute aux différentes allocations sociales perçues par les chômeurs. Sur la base de données de panel, Melike Wulfgramm, de l'université de Brême, observe que les participants au programme d'activation affichent une satisfaction de la vie supérieure à ceux qui perçoivent les mêmes allocations sociales mais n'ont pas recommencé à travailler.

L'effet est d'autant plus prononcé que la personne considère que l'emploi occupé correspond bien à ses compétences et augmente effectivement ses chances de trouver un emploi moins précaire dans le futur. L'effet disparaît en revanche quand le participant considère l'emploi occupé comme dégradant.

La perception est une fois de plus un élément déterminant dans la médiation entre la situation objective d'un individu et son niveau de bonheur. Et la perception dépend du type de cadrage qui est utilisé par l'individu pour juger de sa situation. Adopter un cadrage étroit où l'emploi est évalué sur le seul plan financier (« À ce niveau de salaire, cela vaut-il le coup que je travaille ? ») ne permet pas d'appréhender ses autres dimensions et peut dès lors conduire à rejeter des solutions qui pourtant seraient efficaces pour améliorer son bien-être psychique. Un euro de plus peut parfois faire une grande différence.

En pratique, ce que vous pourriez faire...

▶ Éviter de choisir de vous faire mettre au chômage. Le chômage volontaire peut devenir très vite du chômage involontaire.

▶ En période de chômage, vous rapprocher des personnes de votre entourage qui sont également sans emploi.

▶ Fréquenter les espaces de coworking pour garder une dynamique positive et multiplier les rencontres.

▶ Mobiliser tout votre réseau (anciens collègues, clients, partenaires, camarades de promotion, amis, famille...) afin de retrouver plus vite un emploi.

▶ En cas de chômage prolongé, mesurer à quel point les emplois proposés amélioreraient votre vie au-delà de la dimension financière (discipline quotidienne, relations sociales, stimulation intellectuelle...).

Chercher sa vocation

> *« La vraie marque d'une vocation est l'impossibilité d'y forfaire, c'est-à-dire de réussir à autre chose que ce pour quoi l'on a été créé. »*
>
> Ernest Renan

Le travail occupe une place centrale dans la vie de la plupart des gens. C'est sans nul doute l'occupation à laquelle les individus allouent le plus de temps et d'énergie dans leur vie. Les adultes passent environ un tiers de leur temps éveillé à travailler. Les frontières entre le temps de travail et le temps hors travail ne sont pas toujours nettes tant il est difficile de laisser ses problèmes de bureau à la porte de son bureau. Pour beaucoup, ces frontières sont même de moins en moins bien définies avec l'essor des technologies de l'information. En plus d'occuper le temps et l'esprit, le travail détermine d'autres aspects de la vie individuelle : le lieu de vie, les relations sociales (on peut sympathiser avec ses collègues, voire en épouser un), le statut socio-économique et jusqu'aux activités extraprofessionnelles.

Il n'est donc pas surprenant que la satisfaction au travail constitue une composante importante du bien-être psychique et qu'elle ait fait l'objet de recherches abondantes depuis plusieurs décennies. Ces recherches se sont divisées en deux courants qui ont fini par se rejoindre. Un courant a cherché à associer la satisfaction au travail aux caractéristiques personnelles des travailleurs, tandis que l'autre s'est davantage intéressé aux caractéristiques des emplois.

SATISFAIT PAR NATURE

Il existe d'abord une certaine stabilité dans les évaluations que font les individus de leur emploi... même quand ils en changent[i]. Cette stabilité indique que les caractéristiques personnelles influencent la satisfaction au travail. Les déterminants personnels de la satisfaction au travail sont à chercher du côté de la personnalité et de la représentation du travail. Les travaux reliant la satisfaction au travail aux cinq traits centraux de la personnalité (les *Big Five* : l'extraversion, la stabilité émotionnelle, l'agréabilité, l'application et l'ouverture à l'expérience) ont observé une meilleure satisfaction chez les personnes appliquées et extraverties et une moindre satisfaction au travail chez les personnes instables émotionnellement[ii]. D'autres éléments de personnalité semblent également jouer un rôle : un « lieu de contrôle » interne, un haut niveau d'estime de soi ou un haut niveau d'auto-efficacité sont autant d'éléments associés à une meilleure satisfaction au travail[iii].

VOCATION, GAGNE-PAIN OU CARRIÈRE ?

Ensuite des différences interindividuelles existent dans la façon de se représenter son travail. Selon Amy Wrzesniewski, de l'université du Michigan, les travailleurs se divisent en trois groupes selon qu'ils voient leur travail comme « gagne-pain », comme « carrière » ou comme « vocation »[iv]. Les premiers considèrent le travail comme un moyen d'obtention de ressources financières qui permettront de financer les autres activités de leur vie. Les deuxièmes travaillent pour gravir les échelons et acquérir le statut et le pouvoir qui vont avec l'avancement. Enfin, les troisièmes sont intéressés par le contenu intrinsèque de leur travail et tendent à le considérer comme inséparable du reste de leur vie ainsi que de leur identité.

Amy Wrzesniewski a montré que ces trois orientations se retrouvaient dans des proportions comparables (environ un tiers pour chacune) pour la plupart des postes, tous niveaux hiérarchiques confondus. Comme le travail a de multiples dimensions (les contreparties matérielles et non matérielles, les caractéristiques de la fonction, l'environnement de travail, l'objet social et le prestige de l'entreprise…), on peut (presque) toujours trouver les trois orientations pour un même emploi.

Les différences de représentation d'un même poste auront toutefois une influence sur la satisfaction au travail de l'individu. Ceux qui perçoivent leur travail comme relevant d'une vocation tendent à être davantage satisfaits de leur travail et de leur vie[v], à s'impliquer davantage dans leur travail (à être moins souvent absents) et à s'y identifier également davantage[vi].

LE BONHEUR À EXERCER SA VOCATION

En général, le travail ne fait pas partie des activités qui génèrent les émotions les plus positives, bien au contraire. Les chercheurs qui utilisent la méthode de la reconstruction de la journée[1] pour évaluer les émotions ressenties dans les différentes activités quotidiennes observent que le travail est une des activités évaluées comme étant les moins agréables, au même titre que les tâches ménagères

---

1. Voir annexe méthodologique en fin d'ouvrage.

et le temps de transport entre le logement et le lieu de travail[VII].

Pis, les travailleurs n'éprouvent pas, en général, dans une journée type, un bien-être émotionnel supérieur à celui des chômeurs de longue durée, bien que ces derniers évaluent très mal leur vie[VIII]. À activité identique, les chômeurs de longue durée éprouvent des émotions moins positives que les travailleurs. Seulement, ils allouent leur temps libre à des activités plus gratifiantes émotionnellement que ne l'est le travail pour les travailleurs. Parmi les travailleurs, les personnes ayant une approche vocationnelle de leur travail font néanmoins exception. Elles réussissent à retirer davantage de satisfaction et de bien-être émotionnel de leur travail que de leurs autres activités, y compris leurs loisirs.

Ainsi, avoir un emploi-vocation permet d'occuper une grande partie de sa vie par une activité gratifiante en soi qui colore positivement le quotidien et améliore le regard que l'on porte sur l'ensemble de sa vie. La vocation est un appel à exercer une mission particulière (politique, associative, scientifique…) que seulement certaines personnes ressentent. Si c'est votre cas, n'hésitez pas.

En pratique, ce que vous pourriez faire…

▶ Rechercher votre éventuelle vocation, l'appel qui résonne en vous depuis toujours.
▶ Trouver les métiers qui correspondent à cette vocation.
▶ Trouver les moyens d'arriver à ces métiers (formation, parcours professionnel…).
▶ Puis… foncer !

Choisir son travail selon les bons critères

> *« Choisissez un travail que vous aimez et vous n'aurez pas à travailler un seul jour de votre vie. »*
>
> Confucius

Cela étant, trouver sa vocation n'est pas toujours chose aisée. Tout le monde n'a pas une prédisposition naturelle pour un métier (du fait d'un don par exemple). Plus modestement, quelles sont les particularités d'un emploi qui facilitent la satisfaction au travail ?

Après plusieurs décennies de recherches sur le sujet, les caractéristiques d'un emploi les plus propices à la satisfaction au travail se dégagent assez nettement. Peter Warr, de l'Institut de psychologie du travail de l'université de Sheffield en Angleterre, en a dressé la liste. Celle-ci comporte douze éléments. Il s'agit :

- du niveau de contrôle personnel ;
- de l'opportunité d'utiliser ses compétences et d'en acquérir de nouvelles ;
- d'objectifs stables, cohérents et atteignables ;
- de la variété (dans les tâches, les rencontres sociales, les lieux de travail…) ;

- de la clarté (dans la fonction, les objectifs, les perspectives, l'évaluation du travail…) ;
- des contacts interpersonnels (quantité, qualité, part du travail en équipe…) ;
- des contreparties financières ;
- de la sécurité physique ;
- de la valorisation sociale de la fonction (contribution à la société, prestige social à l'intérieur et à l'extérieur de l'organisation…) ;
- du soutien hiérarchique (considération, bienveillance, reconnaissance et traitement équitable par les supérieurs…) ;
- des perspectives de carrière (sécurité de l'emploi, possibilités de promotion et de mutation…) ;
- et enfin du sentiment de justice (dans les traitements au sein de l'entreprise, dans les relations avec le reste de la société…).

VITALISER SON TRAVAIL

Tous ont été validés comme ayant une influence positive sur la satisfaction au travail. La relation n'est toutefois pas linéaire. Peter Warr compare l'effet des différentes caractéristiques des emplois sur la satisfaction au travail à l'effet des vitamines sur la santé physique. Comme pour les vitamines, leur effet est positif jusqu'à une certaine teneur. Passé ce niveau, l'effet d'une augmentation devient nul pour certains (comme les vitamines C et E), voire toxique (comme les vitamines A et D). Les six premières caractéristiques de la liste sont de type AD (effet négatif à haute dose) quand les six dernières sont de type CE (plafonnement de la satisfaction à haute dose). Trop de contrôle peut rendre le travail ennuyeux. Trop de variété dans les tâches à effectuer peut au contraire diminuer la sensation de contrôle.

Des objectifs trop stables et trop facilement atteignables peuvent heurter la stimulation. Des contacts multiples peuvent empêcher de nouer des relations humaines solides avec ses collègues, etc. Pour les six premières dimensions, il s'agit de ne pas verser dans les extrêmes.

RECHERCHER L'ADÉQUATION

L'influence des différentes dimensions dépend en outre des caractéristiques personnelles des travailleurs. Plus l'individu a une préférence marquée pour une certaine dimension, plus l'impact de cette dimension sur sa satisfaction sera important et plus son seuil personnel (d'inflexion ou de satiété) sera repoussé. Quelqu'un qui a une forte aversion à l'ambiguïté continuera de bénéficier d'une clarification de sa tâche à des niveaux où un autre travailleur pourra y perdre en plaisir[i].

Il en est de même pour le travail de groupe. Dans une expérience de terrain menée au sein d'un *call center,* des chercheurs ont pu constater l'impact sur le bien-être au travail d'un changement organisationnel impliquant une augmentation du travail en équipe[ii]. De manière logique, l'augmentation de la satisfaction a été la plus importante chez les personnes qui avaient rapporté préférer nettement le travail en groupe.

La satisfaction au travail dépend au final de l'appareillement entre les caractéristiques du travail et les caractéristiques psychologiques du travailleur. Les douze dimensions repérées par les chercheurs répondent à des besoins humains fondamentaux partagés par tous mais avec une sensibilité variant selon les individus. Pour bien choisir son emploi, il s'agit donc d'identifier ses propres besoins et d'essayer d'estimer si l'emploi visé saura les satisfaire.

UNE PSEUDO-RATIONALITÉ COÛTEUSE

En pratique, les travailleurs effectuent-ils une démarche de ce genre au moment de chercher un emploi ? À en croire les travaux des chercheurs, les décisions en matière d'emploi sont loin d'être efficaces.

Les décisions paraissent se fonder essentiellement sur des critères externes[III] (prestige social, revenus, perspectives de carrière, sécurité de l'emploi) qui ne coïncident ni avec les résultats sur la satisfaction au travail ni avec les préférences exprimées par les travailleurs eux-mêmes. La satisfaction au travail est en réalité bien davantage influencée par les facteurs intrinsèques et sociaux que par ces facteurs externes.

Les études qui quantifient l'impact des différentes caractéristiques des emplois sur la satisfaction au travail[IV] obtiennent que le facteur le plus important est la qualité des relations sociales dans son travail, suivie par le contenu de celui-ci. Les relations sociales sur le lieu de travail ne sont en général pas très satisfaisantes, en tout cas beaucoup moins qu'à l'extérieur du bureau[V]. On choisit ses amis ; on choisit rarement ses collègues. Mais, lorsqu'il arrive que l'on apprécie ses collègues ou son chef, alors la satisfaction au travail et la satisfaction de la vie sont largement rehaussées[VI]. Pour la satisfaction au travail, les caractéristiques externes des emplois, c'est-à-dire les perspectives de promotion, les revenus, la sécurité de l'emploi et le temps de travail, viennent clairement après.

Dans les enquêtes sur les préférences *déclarées* par les travailleurs eux-mêmes, les caractéristiques externes arrivent également derrière les caractéristiques intrinsèques. Par exemple, dans les pays de l'OCDE, seulement 20 % des travailleurs disent qu'avoir un salaire élevé est très important pour eux (un chiffre qui vaut également pour les perspectives de promotion), alors qu'ils sont 30 % à considérer l'autonomie dans le travail comme très important et 50 % le fait d'avoir un travail intéressant comme motif très important de satisfaction.

Si les préférences *déclarées* ne sont pas exactement alignées sur la satisfaction au travail ressentie (laissant entrevoir quelques erreurs d'anticipation affective, notamment la sous-estimation de l'importance des relations sociales), elles s'en approchent néanmoins beaucoup plus que les préférences *révélées* par les décisions. Lorsqu'on prend une décision aussi importante que de choisir un emploi, on le fait en s'appuyant sur des critères qui paraissent rationnels mais qui ne seront pas les vrais leviers de notre satisfaction.

D'où un conseil à celui qui cherche un emploi : n'adoptez pas un point de vue extérieur, froid et rationnel pour juger des emplois qui vous sont proposés. Essayez plutôt de vous mettre en situation, de vous imaginer en train d'exercer ce travail, et analysez comment serait alors votre vie au travail (et à l'extérieur) dans ses différentes dimensions. N'omettez surtout pas la dimension sociale. Pour augmenter vos chances d'être satisfait de votre futur emploi, plutôt que de passer le dernier quart d'heure d'un entretien d'embauche à discuter des perspectives de promotion, demandez à rencontrer vos futurs collègues…

En pratique, ce que vous pourriez faire…

- Lister les différentes dimensions importantes pour vous dans un emploi (à partir de la liste de Peter Warr).
- Évaluer les offres d'emploi qui vous sont soumises selon ces critères.
- Chercher à obtenir le plus d'informations possible sur les caractéristiques intrinsèques des postes qui vous sont proposés.
- Vous imaginer en situation avant d'accepter un poste.

Ignorer le salaire de son voisin de bureau

> *« En France, il y a deux sortes de gens :*
> *ceux qui cachent leur feuille de salaire et*
> *ceux qui ont honte de la montrer. »*
>
> Georges Wolinski

Au même titre que le revenu influence positivement la satisfaction de la vie, le salaire influence positivement la satisfaction au travail. Et, si l'impact du salaire absolu paraît limité[1], celui de la comparaison sociale au travail ne fait pas de doute.

BIEN PLACÉ DANS SA CATÉGORIE

De multiples études se sont intéressées au lien entre salaire relatif et satisfaction au travail. Faute de connaître exactement à qui les individus se comparent, la plupart utilisent comme salaire de référence la moyenne des salaires au sein de la même catégorie sociodémographique (définie à partir de l'âge, du sexe, du niveau d'éducation, du lieu géographique, etc.), ou une estimation économétrique[1].

---

1. Le salaire de référence est alors donné par un modèle construit à partir des différentes variables pertinentes.

De tous les coins du monde, les conclusions convergent autour de trois effets très significatifs :

- la satisfaction au travail augmente avec le salaire relatif : à salaire égal, on est d'autant plus satisfait de son emploi que les comparables gagnent moins, ce qui suggère un effet de comparaison sociale ;
- l'effet est asymétrique : être en dessous du salaire de référence diminue davantage la satisfaction au travail qu'être au-dessus ne l'augmente ;
- les hommes sont plus sensibles à cet effet de comparaison sociale sur les salaires que les femmes.

BIEN LOTI AU SEIN DE L'ENTREPRISE

Néanmoins, ces résultats s'appuient sur des salaires de référence non observables par les individus, lesquels ne collent pas nécessairement à leurs expériences quotidiennes. Qu'en est-il de l'impact du salaire des personnes que les travailleurs côtoient réellement chaque jour : les collègues ? Les études s'appuyant sur des enquêtes renseignant le lieu de travail fournissent un premier éclairage sur la question. Grâce à ces enquêtes, les chercheurs peuvent reconstituer un salaire moyen sur le lieu de travail. Et, dans la plupart des cas, les résultats confirment ceux des études sur des groupes de référence plus larges. À salaire identique, la satisfaction au travail tend à augmenter quand ceux qui travaillent dans la même entreprise gagnent moins. *Idem* pour la satisfaction de la vie[II]. L'effet de la comparaison sociale triomphe ainsi d'un éventuel effet contraire qui ferait apprécier davantage son job quand les collègues gagnent plus, par exemple un « effet tunnel » (lorsque le sort des collègues fournit une estimation de ses perspectives personnelles[1]).

Mais, là encore, le salaire de référence sur le lieu de travail qui est utilisé ne correspond pas nécessairement à la réalité perçue par les travailleurs puisque rien ne dit s'ils ont connaissance des chiffres sur les rémunérations dans leur entreprise à la disposition des chercheurs. Il restait donc à trouver l'étude qui s'appuierait sur les salaires que connaissent réellement les travailleurs.

SAVOIR OU PAS ?

Cette étude a été publiée en 2012 dans l'*American Economic Review,* sans doute la meilleure publication académique en économie. À la faveur d'un changement de législation en Californie entérinant le « droit à connaître » les paies des fonctionnaires, le journal local *Sacramento Bee* avait mis en ligne dès 2008 un site Internet permettant de visualiser les salaires de tous les fonctionnaires de l'État de Californie.

S'appuyant sur cette manne d'informations, David Card, Alexandre Mas, Enrico Moretti et Emmanuel Saez, quatre chercheurs de l'université de Californie et de l'université Princeton, ont pu réaliser une expérience de terrain afin de comprendre la réaction des salariés à la publication d'informations sur les salaires de leurs collègues[III].

Ils ont contacté un échantillon aléatoire de salariés de l'université de Californie, les informant de l'existence du site Internet. Puis, quelques jours plus tard, ils ont recueilli

---

1. Un tel effet a néanmoins été observé dans une étude au Danemark (Clark, Kristensen et Westegard-Nielsen, 2007). Ce résultat étrange peut s'expliquer selon les auteurs de l'étude par les faibles inégalités de salaires couplées à la forte mobilité sociale au Danemark.

des informations sur leur usage du site, leur niveau de satisfaction vis-à-vis de leur salaire et de leur travail et enfin
leurs intentions en matière de recherche d'emploi. Ils
ont collecté les mêmes informations chez un groupe de
contrôle qui n'avait pas été informé de l'existence du site.
Leurs observations à partir de ces réponses en disent beaucoup sur l'importance de la comparaison sociale au travail.

Ainsi 50 % des salariés contactés sont allés sur le site, dont
quatre cinquièmes pour vérifier le salaire de leurs collègues. Et ce qu'ils ont appris a changé leur rapport à leur
travail. Les salariés qui ont pris connaissance qu'ils étaient
moins payés que leurs collègues de bureau (ou d'autres
salariés présentant le même profil) ont affiché une satisfaction de leur emploi diminuée ainsi que des velléités
plus importantes d'en changer (que les comparables du
groupe de contrôle) et un taux de départ (constaté deux
ans après) effectivement supérieur. L'effet était particulièrement important pour les salariés les moins bien payés au
sein de leur unité.

Conséquences asymétriques

En revanche, durant l'expérience, les salariés qui ont
observé qu'ils étaient relativement mieux payés que les
autres n'ont pas démontré de changement de satisfaction
ou une plus grande envie de rester en poste. Les résultats
de cette expérience de terrain confirment donc, en tous
points, ceux des études qui reconstituaient le salaire de
référence.

La prise de conscience qu'on est moins bien payé que
ses collègues est vécue particulièrement difficilement.
La sensation d'injustice qui y est souvent associée nourrit des émotions très négatives qui peuvent conduire à

des décisions radicales. Vu l'effet asymétrique qui a été observé, on a plus à perdre (en satisfaction) qu'à gagner à demander à ses collègues combien ils gagnent. Sauf à avoir une lettre de démission constamment sur soi, il paraît donc préférable d'éviter ce sujet de conversation autour de la machine à café.

En pratique, ce que vous pourriez faire...

▶ Éviter les conversations avec vos collègues sur vos salaires respectifs.

▶ Attendre d'avoir une bonne raison (la préparation d'une négociation salariale...) pour chercher à savoir combien gagnent vos collègues.

Songer à se mettre à son compte

> *« La difficulté de réussir ne fait qu'ajouter à la nécessité d'entreprendre. »*
>
> Beaumarchais

Pour vaincre l'insatisfaction au travail, la recette serait-elle de donner sa démission et de se mettre à son compte ? À première vue, difficile d'y croire. Pris globalement, le groupe des entrepreneurs (avec ou sans employés) semble cumuler les tares. En moyenne, ils gagnent moins[i] que leurs comparables salariés alors qu'ils font plus d'heures par semaine[ii]. Ils doivent affronter une variabilité supérieure de leurs revenus[iii] et également, du moins dans les pays à forte protection de l'emploi salarié, une plus grande insécurité de l'emploi. Enfin, ils ont investi une proportion significative de leur patrimoine dans leur entreprise, ce qui impose un risque sur leur épargne que ne prennent pas les salariés. En additionnant tous ces points négatifs, il paraît clair que, sur le plan strictement économique, être indépendant ne paie pas.

UNE RÉMUNÉRATION PSYCHOLOGIQUE

Pourtant, les travailleurs indépendants et les entrepreneurs ne se plaignent pas de leur sort. Au contraire ! Dans les nombreuses études sur la satisfaction au travail[IV], il ressort qu'ils se disent plus souvent satisfaits de leur travail que ne le font les salariés. C'est notamment vrai pour le contenu du travail. En Europe, être à son compte augmente de 14 points la probabilité de se déclarer satisfait du contenu de son travail, toutes choses égales par ailleurs[V]. La satisfaction est, en toute logique, plus élevée chez les entrepreneurs qui le sont par choix (pour répondre à une aspiration, à une opportunité…) que chez les entrepreneurs qui le sont par nécessité (faute d'avoir trouvé un emploi salarié satisfaisant)[VI].

Ce qu'ils perdent sur la dimension économique, les entrepreneurs le regagnent et plus encore sur la dimension extra-économique. Quatre caractéristiques du travail font la différence de satisfaction entre les salariés et les entrepreneurs, au profit des entrepreneurs[VII] :
• l'autonomie dans les décisions ;
• la sensation de contrôle sur les événements ;
• la sensation de pleine utilisation de ses compétences ;
• la flexibilité dans l'organisation du travail.

Ces mêmes caractéristiques font que les salariés des petites et moyennes entreprises sont en général plus satisfaits que leurs homologues des grandes entreprises[VIII]. Au sein du groupe des PME, plus on descend vers des petites structures, plus les salariés ont de chances d'être satisfaits de leur travail. Le bonheur est dans le P[1].

Un mode de vie auquel on s'adapte

La forte satisfaction au travail des entrepreneurs se retrouve-t-elle pour autant dans leurs réponses sur l'évaluation de leur vie dans son ensemble ? Les études qui

© groupe Eyrolles

---

1. Humour d'économiste…

regardent la satisfaction de la vie des salariés et des entrepreneurs aboutissent généralement à une victoire nette
des entrepreneurs. Plus souvent que les salariés, les entrepreneurs considèrent que leur vie est proche de leur idéal,
qu'ils ont obtenu ce qu'ils désiraient dans la vie et que s'ils
devaient revivre leur vie, ils ne la changeraient en rien[ix].

Néanmoins, lorsque les études observent l'impact du
statut professionnel sur le bonheur *toutes choses égales par
ailleurs*, les résultats changent. Après contrôle de variables
importantes (l'âge, le revenu…), la forte satisfaction du
travail des entrepreneurs ne se traduit pas par une satisfaction de la vie également plus élevée. Sur ce point, les
entrepreneurs ne se différencient pas des salariés[x].

Beaucoup de salariés rêvent pourtant de se mettre à leur
compte[xi]. Les rares qui franchissent le pas font l'expérience d'une satisfaction de la vie en nette amélioration
au début de l'aventure (les deux premières années) puis
celle d'un retour à un niveau normal à partir de la troisième année. Pour certains chercheurs[xii], il s'agirait là d'un
cas classique d'adaptation. Passé un temps, les indépendants ne profiteraient plus des avantages psychologiques
que leur procurent leur statut et leur mode de vie. Ou ils
les ressentiraient toujours mais n'y prêteraient plus attention au moment d'évaluer leur vie.

Une autre explication est qu'avec les années les entrepreneurs commenceraient à ressentir le coût d'un mode
de vie centré sur l'aventure professionnelle. Accaparant
le temps et les pensées, le travail entrepreneurial prend
souvent le pas sur les dimensions extraprofessionnelles de
la vie. Il tend en cela à rogner la satisfaction dans des
domaines aussi variés que les loisirs, les relations amicales, la vie de famille… C'est là un piège majeur pour

l'indépendant et l'entrepreneur : se réaliser tellement dans son travail que celui-ci en vient à phagocyter le reste de la vie, au point d'annuler tous les effets psychologiques positifs qu'il peut entraîner.

UNE TAILLE CRITIQUE

Un dernier enseignement est que la satisfaction du travail et la satisfaction de la vie chez les entrepreneurs augmentent lorsqu'ils embauchent des employés pour les assister dans leur entreprise. Avec des salariés, les entrepreneurs ressentent notamment une meilleure sécurité de l'emploi (à revenu constant)[XIII] et une meilleure satisfaction vis-à-vis du contenu de leur travail. Sans doute les entrepreneurs profitent-ils alors des relations sociales avec leurs salariés tout en réussissant simultanément à se délester d'une partie des tâches désagréables.

En pratique, ce que vous pourriez faire...

▶ Jauger votre envie de vous mettre à votre compte et votre (in)satisfaction dans les dimensions (autonomie, contrôle, flexibilité) que l'entrepreunariat favorise.

▶ Considérer avec attention les offres d'emploi provenant des PME (si vous n'envisagez pas de vous mettre à votre compte).

▶ Mesurer les désagréments psychologiques éprouvés par les salariés des grandes entreprises en contrepartie de leurs rémunérations attractives.

▶ Vous rappeler régulièrement tous les avantages que vous avez à être indépendant (si vous l'êtes déjà) et vous en féliciter.

▶ Vous rapprocher des réseaux d'entrepreneurs pour partager les expériences, voire vous faire conseiller par un mentor.

Leçon n° 29
Réfléchir à deux fois avant d'émigrer

Si le chômage est une menace sérieuse et le travail qui est proposé si peu satisfaisant, la solution serait-elle de partir ? L'émigration économique rendrait-elle heureux ?

Pour commencer, un fait d'importance : les études académiques montrent de manière unanime que les immigrés sont moins heureux que les autochtones du pays d'accueil, après contrôle par les différentes caractéristiques observables, et ce quel que soit le pays qui est étudié[1]. Par exemple, aux États-Unis, l'écart entre immigrés et autochtones (aux caractéristiques comparables) est de 0,2 point lorsque la satisfaction de la vie est évaluée sur une échelle de 0 à 10[1]. Le déficit de bonheur des immigrés se transmet à leurs enfants si bien que l'écart ne se réduit pas chez les immigrés de deuxième génération[II]. L'écart ne diminue pas davantage quand les immigrés grimpent l'échelle sociale. Pis, il a été observé en Allemagne que c'est au sein des plus hauts revenus que le déficit de bonheur des immigrés est maximal[III].

---

1. Cet écart, qui semble faible par rapport à l'ensemble de l'échelle, apparaît plus significatif quand on considère que les réponses individuelles sont généralement concentrées autour des notes 6, 7 et 8.

Eldorado brisé

Différentes raisons à ce mal-être des immigrés ont été avancées et validées par les sociologues : à niveau de vie identique, les immigrés sont victimes de discriminations, ont des relations sociales moins nombreuses et moins satisfaisantes[iv] que les autochtones et éprouvent souvent une certaine nostalgie de leur pays d'origine.

Une autre explication est fournie par les économistes. Ayant souvent migré pour améliorer leur situation financière, les immigrés se montrent à l'arrivée moins satisfaits de leur situation financière que les autochtones (à la situation financière identique). Sans doute avaient-ils des aspirations financières élevées avant d'émigrer, lesquelles n'ont pas été pleinement satisfaites à leur arrivée.

Sur place, les revenus vont influencer la satisfaction de la vie d'une manière plus prononcée chez les immigrés[v], notamment ceux en provenance des pays pauvres. Fort logiquement, il y a comme une hypersensibilité aux revenus lorsque l'on a effectué une migration dont la motivation était (au moins en partie) économique.

Valait-il mieux rester ?

Doit-on en déduire que les migrants auraient mieux fait de rester dans leur pays d'origine afin de ne pas subir les coûts psychologiques de l'émigration ? Malheureusement, il n'existe pas de données de panel qui auraient suivi sur plusieurs années les mêmes individus avant et après leurs migrations. Pour répondre à cette question, on ne peut se fier qu'à des données indirectes. Une façon d'aborder la question est de comparer le bonheur des émigrés avec celui d'individus comparables restés dans le pays d'origine. David Bartram, sociologue à l'université de Leicester, en Angleterre, a réalisé plusieurs de ces comparaisons.

Dans une première étude, il s'est intéressé au cas des migrants d'Europe de l'Est vers les pays d'Europe de l'Ouest. Ses résultats indiquent que les migrants n'ont en moyenne pas gagné en bonheur à effectuer la migration. Et les résultats varient selon le pays d'origine. Pour les Polonais, la migration s'est accompagnée d'une baisse de la satisfaction de la vie alors que pour les émigrés en provenance des pays les moins heureux (Russie, Turquie et Roumanie), elle a permis une légère amélioration.

Dans une deuxième étude, David Bartram s'est intéressé aux migrations inverses, c'est-à-dire en provenance des pays riches d'Europe de l'Ouest vers les pays plus pauvres et plus ensoleillés d'Europe du Sud (Espagne, Portugal, Grèce et Chypre). Il a obtenu cette fois que le mouvement avait clairement engendré une diminution de la satisfaction de la vie de l'ordre de 0,25 à 0,3 point (sur une échelle marquée de 0 à 10).

Une étude menée par un chercheur allemand[vi] a obtenu, quant à elle, que les émigrés allemands (la plupart dans des pays riches d'Europe de l'Ouest comme la Suisse et l'Autriche) tendaient à être plus heureux que les Allemands restés au pays, renforçant encore un peu plus l'idée qu'il n'y a pas d'effet systématique de l'émigration sur le bonheur. Sur ce point, il est remarquable de constater que l'on dispose de plus d'études qui traitent de l'émigration en provenance des pays en développement que de l'expatriation en provenance des pays riches, ce qui rend encore impossible toute conclusion définitive.

Un référentiel métissé

Il y a en effet mille raisons possibles pour rendre compte des résultats contrastés de l'émigration sur le bonheur, concernant autant les profils des migrants (le niveau d'éducation, la maîtrise de la langue, la culture…) que les caractéristiques des pays d'accueil (la rigidité du marché de l'emploi, les aides sociales…).

Une des explications les plus convaincantes s'appuie sur le concept des revenus relatifs, abondamment développé dans la première partie du livre. Comme tout le monde, les immigrés jaugent leur situation personnelle à l'aune de points de référence. Seulement, du fait de leurs trajectoires personnelles, les leurs sont mixtes, incorporant les standards de leur pays d'origine et ceux de leur pays d'adoption[VII].

Ce simple constat permet d'expliquer les différents résultats présentés jusque-là. En migrant vers des pays plus riches, les émigrés peuvent se retrouver à gagner davantage en revenus absolus que s'ils étaient restés dans leur pays d'origine et simultanément occuper un niveau plus bas dans la pyramide sociale. Cela peut être le cas, par exemple, s'ils ne trouvent pas un emploi à la hauteur de leur niveau d'éducation et de qualification ou si, dans le pays d'accueil, les salaires des immigrés, à fonction identique, souffrent d'une décote par rapport à ceux des nationaux. Inversement, en migrant vers des pays plus pauvres pour gagner en qualité de vie, les migrants risquent de se retrouver avec des salaires plus faibles en valeur absolue que les salaires de leurs proches restés dans leur pays d'origine, alimentant un second type d'insatisfaction. La meilleure configuration est celle où l'on émigre vers un pays au niveau de vie supérieur (par exemple de la France vers la Suisse) et dans des conditions telles que sa situation relative sur l'échelle sociale reste identique ou s'améliore[1].

HOME SWEET HOME

La situation n'est toutefois pas figée. Elle change avec les performances économiques des pays. Ainsi, la satisfaction des émigrés se détériore lorsque le pays quitté affiche de bonnes performances économiques. Le bonheur des émigrés est négativement affecté par le taux de croissance économique de leur pays d'origine et positivement par les changements du taux de chômage là-bas[VIII]. Le malheur des uns fait le bonheur des autres quand il permet de confirmer le bien-fondé d'une décision aussi difficile que celle de l'émigration.

LE REVERS DE L'INTÉGRATION

Le bonheur des immigrés dépendra au final des points de référence utilisés, notamment de la rapidité avec laquelle les standards du pays d'accueil remplacent ceux du pays d'origine. Pour cette seule raison, il peut ainsi y avoir de fortes disparités de bonheur entre des individus d'une même origine, voire entre des groupes sociaux entiers. C'est par exemple le cas aux Pays-Bas, où un fait troublant a été rapporté : en dépit de salaires supérieurs et d'un taux de chômage plus faible, les immigrés turcs y sont significativement moins heureux que les immigrés marocains. Des chercheurs[IX] qui se sont intéressés à ce paradoxe ont

---

1. C'est sans doute ce cas de figure qui a été observé dans l'étude sur les émigrés allemands, présentés comme plus heureux dans leurs pays d'accueil (surtout la Suisse et l'Autriche) que leurs comparables restés outre-Rhin.

découvert que les Turcs, bien plus que les Marocains, faisaient des comparaisons économiques et sociales avec les Néerlandais de souche, ce qui contribuait à diminuer leur satisfaction de la vie aux Pays-Bas. En élevant les points de référence, l'intégration pourrait ainsi avoir un impact négatif sur le bonheur des immigrés, du moins lorsqu'elle ne s'accompagne pas de relations sociales améliorées.

MÉLANCOLIE FRANÇAISE

Au-delà de l'influence des points de référence, la comparaison des évaluations en matière de bonheur données au sein d'un même pays entre immigrés et natifs est en mesure de nous éclairer sur l'influence de la culture et de l'humeur collective sur le bonheur. C'est ce qu'a cherché à comprendre Claudia Senik, de l'École d'économie de Paris, en observant les réponses à plusieurs vagues de l'enquête paneuropéenne *European Social Survey*[x]. En comparant les réponses au sein d'un même pays entre natifs et immigrés, elle a pu notamment faire ressortir l'impact de l'éducation durant l'enfance sur le bonheur une fois adulte, et contribué à expliquer le mal-être français.

Ce qu'elle a observé est que le *spleen* français n'est pas qu'un mythe popularisé par les (perfides) médias anglo-saxons. Il se retrouve systématiquement dans les réponses des sondés qui ont été durablement en contact avec la France à un moment ou un autre de leur vie. D'abord, les immigrés de première génération qui ont été éduqués en France sont moins heureux que leurs comparables (immigrés aussi) ayant été à l'école à l'étranger. Ensuite, les immigrés de première génération qui vivent en France depuis de nombreuses années sont moins heureux que leurs comparables présents sur le sol français depuis moins longtemps. Enfin, les Français qui ont émigré en Europe se retrouvent à l'étranger moins heureux que les émigrés aux caractéristiques comparables mais originaires des autres pays européens. Culturelle et façonnée dès l'école, la mélancolie française reste dans les têtes même quand on se trouve en dehors de l'Hexagone.

L'enseignement de l'étude passionnante de Claudia Senik dépasse le seul cas français et devrait parler à tous les candidats à l'expatriation. Il en ressort qu'on emmène avec soi son aptitude au bonheur lorsque l'on émigre. Et, arrivé dans le pays d'accueil, parallèlement aux difficultés de l'immigration, on est peu à peu contaminé par le climat psychologique qui règne dans le pays, qu'il soit favorable ou non au bonheur. Cette étude est une invitation à se renseigner sur le bonheur que l'on trouvera sur place avant de choisir la destination pour refaire sa vie.

En pratique, ce que vous pourriez faire…

▶ Préparer votre expatriation en vous renseignant sur les niveaux de bonheur dans les différents pays susceptibles de vous accueillir.

▶ Évaluer les salaires qui vous sont proposés par rapport à la distribution des revenus du pays d'accueil ou, encore mieux, de celle de la ville dans laquelle vous allez vivre.

▶ Organiser en amont votre vie sociale d'immigré en vous renseignant sur les clubs, les associations et les amis (d'amis) sur place.

Rester maître de son temps de travail

Comme nous l'avons vu précédemment (leçon n° 25), en général, le travail ne fait pas partie des activités qui génèrent les émotions les plus positives, bien au contraire. Les chercheurs ont observé que le travail était une des activités évaluées comme étant les moins agréables en soi, aussi désagréable, par exemple, que les tâches ménagères.

QUAND LE TRAVAIL RESSEMBLE À UNE CORVÉE

De même, la satisfaction moyenne au travail est plutôt faible, comparée à la satisfaction de la vie. Par exemple, dans une enquête paneuropéenne menée en 2012, le cabinet de recrutement Stepstone[1] obtient une satisfaction du travail moyenne de 5,1/10 pour les travailleurs européens (contre 6,3 pour la satisfaction de la vie) ; 43 % des travailleurs se donnent une note inférieure à la moyenne, alors que moins de 20 % le font pour l'évaluation de leur vie.

Facteur aggravant, une majorité des travailleurs considèrent par ailleurs que leur vie professionnelle a un impact négatif sur leur vie privée. Ainsi, le travail n'apparaît pas comme un facteur de satisfaction pour la plupart des travailleurs, une réalité sous-estimée par les employeurs qui, en général, exagèrent le bien-être au travail de leurs employés (et surévaluent la note moyenne que se donnent les salariés de près de 2 points).

La satisfaction au travail est en recul depuis plusieurs décennies, tant aux États-Unis qu'en Europe. Si plus de 60 % des travailleurs américains se disaient satisfaits de leur emploi à la fin des années 1980, ils n'étaient plus que 45 % vingt ans plus tard[II]. La dégradation des relations sociales au travail et la chute de la confiance vis-à-vis des entreprises sont régulièrement tenues pour responsables de ce désenchantement croissant.

LA SOLUTION : RÉDUIRE SON TEMPS DE TRAVAIL ?

Comment s'adapter à cette réalité ? Le salarié doit-il en tirer les conséquences et diminuer le temps passé à travailler pour se concentrer davantage sur ses activités extra-professionnelles ? De nos jours, faut-il travailler moins pour être plus heureux ? Il existe plusieurs études sur la relation entre temps de travail et bonheur. Malheureusement, leurs conclusions sont loin d'être homogènes. Certaines études observent une relation positive[III] (les gens qui travaillent le plus sont plus heureux que les autres) quand d'autres obtiennent une relation exactement inverse[IV].

D'autres encore n'ont pu déceler aucun impact lorsque des changements réglementaires ont fortement modifié le temps de travail légal et effectif. C'est, par exemple, le cas de la loi sur la semaine de cinq jours en Corée du Sud. Dans le but de diminuer le temps de travail effectif des Coréens, l'un des plus élevés au monde, cette loi votée en 2004 fit du samedi un jour chômé et ramena la semaine légale de travail de 44 à 40 heures. La réforme fut introduite progressivement, s'appliquant d'abord aux grandes entreprises puis peu à peu aux plus petites structures. La loi a atteint ses objectifs puisque, entre 1998 et 2008, le temps de travail effectif moyen a été réduit de cinq heures chez les travailleurs coréens. Elle a également changé les modes de vie en augmentant le temps moyen dévolu par les Coréens au sommeil, à l'exercice physique et aux loisirs, ainsi que leur satisfaction dans ces différents domaines. En revanche, de manière surprenante, nul impact n'a pu être observé sur les scores moyens de satisfaction du travail et de satisfaction de la vie. Comme si les gains de bien-être générés par cette réduction du temps de travail effectif avaient été contrebalancés, par exemple par un plus grand stress pendant les heures de travail.

Au vu des différents résultats, la durée du travail ne semble pas être une variable impactant distinctement la satisfaction de la vie. Sans doute certains individus trouvent-ils leur compte à travailler beaucoup quand d'autres en souffrent. Mais aucune tendance ne se dégage[1].

LE TRAVAIL, ENNEMI DU BIEN-ÊTRE ÉMOTIONNEL

Pour le bien-être émotionnel, en revanche, le temps de travail hebdomadaire a un coût certain. Le distinguo entre les deux dimensions du bien-être subjectif – cognitive et émotionnelle – est criant dans l'étude menée en 2010 par James Harter et Raksha Arora de l'institut Gallup.

À partir des données mondiales du Gallup World Poll, les deux analystes ont pu observer une absence de relation significative entre temps de travail hebdomadaire et satisfaction de la vie (avec juste une petite baisse au-delà

---

1. De la même manière, les études obtiennent généralement qu'il n'y a pas de différence significative de bonheur entre les femmes au foyer et les femmes occupant un emploi (à temps plein ou à temps partiel).

de 45 heures de travail hebdomadaires). En revanche, la relation avec les affects est ressortie très clairement négative : plus un individu passe d'heures à travailler, plus il éprouve d'émotions négatives dans sa journée et moins il ressent d'émotions positives. La relation est linéaire et vaut aussi bien pour les travailleurs occupant un emploi qui les satisfait que pour ceux à qui l'emploi ne convient pas. Pour les uns comme pour les autres, le travail n'est pas une activité propice au bien-être émotionnel global. Le déficit affectif durant les heures de travail n'est pas compensé lorsqu'on travaille beaucoup par des émotions plus positives en dehors du travail.

Le temps de travail désiré

D'autres études ont approfondi le lien entre temps de travail et satisfaction de la vie et sont parvenues à la conclusion que, pour le temps de travail comme pour les revenus, le niveau absolu compte bien moins que l'écart relativement aux aspirations de l'individu. L'insatisfaction de la vie naît en pratique d'un excès ou d'une insuffisance de travail par rapport à ces aspirations. Et il ne semble pas exister de temps de travail optimal pour tout le monde.

Or, les chercheurs comprennent de mieux en mieux les déterminants du temps de travail désiré par les individus. Celui-ci semble d'abord être largement lié aux institutions et aux normes socioculturelles en vigueur. Ainsi, en Europe, une durée de travail importante apparaît moins néfaste pour le bonheur dans les pays ayant un État-providence restreint (le Royaume-Uni) que pour les pays ayant un État-providence développé (la France ou l'Italie)[v]. Le temps de travail recherché est aussi globalement plus élevé aux États-Unis qu'en Europe. À durée de travail égale, les

Américains sont plus heureux que les Européens pour des durées importantes (plus de 40 heures hebdomadaires) et moins heureux pour des durées plus réduites. Une explication est que l'éthique protestante, qui fait provenir le bonheur du travail et de la réussite personnelle, est prépondérante aux États-Unis par rapport aux pays européens où la qualité de vie et l'équilibre vie privée-vie professionnelle sont davantage valorisés.

RÔLES DE DAMES

De même, les aspirations en matière de temps de travail varient selon le sexe d'une manière conforme aux rôles sociaux « traditionnels ». Aujourd'hui encore, dans de nombreux pays, ce sont les emplois à temps plein qui sont les plus satisfaisants pour les hommes et les emplois à temps partiel pour les femmes[VI].

Plus précisément, comme l'a montré une étude en Espagne[VII], deux décalages influencent la satisfaction des femmes vis-à-vis de leur temps de travail : l'écart par rapport au temps de travail voulu et l'écart par rapport au temps souhaité pour les tâches ménagères et la famille. Les Espagnoles ayant un travail à temps plein se montrent souvent insatisfaites du faible temps qui leur reste pour les tâches du foyer, tandis que les Espagnoles occupant un emploi à temps partiel sont frustrées par un trop faible temps de travail. Néanmoins, les valeurs personnelles jouent ici un rôle de médiation important, si bien que les différences entre les personnes peuvent être importantes. Dans cette étude, l'attrait observé des femmes espagnoles pour les emplois à temps partiel est largement le fait de femmes embrassant les représentations traditionnelles des rôles de genre.

© groupe Eyrolles

Ainsi les aspirations individuelles incorporent-elles les pratiques en vigueur, qui elles-mêmes sont déterminées par les institutions et les normes socioculturelles. Une « prime hédonique » intervient quand la personne bénéficie d'un rythme de travail qui épouse ses aspirations. Il s'agit donc pour chacun de répondre à la question : combien de temps voudrais-je travailler par semaine ? Et tout faire pour s'y tenir.

CHOISIR SES HORAIRES

Les travailleurs perçoivent une seconde « prime hédonique » lorsqu'ils ont la possibilité de déterminer eux-mêmes leurs horaires de travail[VIII]. Toutes choses égales par ailleurs, les travailleurs qui peuvent librement prendre une pause dans la journée ou qui ne se voient pas imposer une heure fixe pour arriver ou repartir du bureau sont plus heureux que les autres[IX], conformément à l'idée que la sensation d'autonomie est une des composantes cardinales du bien-être psychologique.

MINIMISER LE TEMPS DE TRANSPORT

Connexes aux heures de travail, les heures passées dans les transports sont aussi très nuisibles au bonheur. Même s'ils sont forcément dépendants des conditions locales (les bouchons sur les routes, le civisme dans le métro, la ponctualité des trains), les moments passés à faire la navette entre chez soi et son lieu de travail comptent en général parmi les plus désagréables de la journée d'un travailleur, à peu près aussi désagréables[X] que le temps passé au travail…

Plus le temps dévolu aux navettes est long, plus l'impact négatif sur la satisfaction des loisirs, de la vie de famille et de la vie en général est important[XI]. Une étude[XII] a montré qu'en Allemagne, faire quotidiennement un trajet d'une heure (dans chaque sens) pour se rendre à son travail avait le même effet négatif sur la satisfaction de la vie qu'être tout simplement au chômage ! Par ailleurs, l'impact du temps de transport est également significatif sur la satisfaction de la vie du conjoint. En emportant fatigue et stress à la maison, on affecte, qu'on le veuille ou non, son partenaire de vie.

Cet effet nuisible du temps de transport sur le bonheur a fait dire à différents économistes et psychologues aux États-Unis que le modèle américain d'étalement progressif des villes était un total non-sens sur le plan hédonique. L'arbitrage des ménages américains pour un éloignement des centres-villes afin de disposer de maisons de plus en plus spacieuses (aujourd'hui la taille moyenne d'une habitation aux États-Unis est supérieure à 200 mètres carrés…) est contre-productif pour le bonheur. Le stress lié aux déplacements quotidiens fait partie de ces désagréments chroniques auxquels les individus ne s'habituent jamais. Inversement, au-delà d'un seuil, on s'adapte totalement (et rapidement) au confort supplémentaire apporté par un logement plus spacieux. Il est probable qu'aujourd'hui les habitations américaines dépassent largement ce seuil.

En pratique, ce que vous pourriez faire…

▶ Chercher un emploi qui permette l'équilibre que vous visez entre vie professionnelle et vie privée.

▶ Vous fixer des contraintes pour respecter cet équilibre (par exemple, en ayant des engagements fixes plusieurs soirs par semaine).

▶ Chercher un logement plus près de votre emploi ou un emploi plus près de votre logement.

▶ Négocier des horaires variables et la possibilité de travailler depuis votre domicile.

Garder du temps pour des loisirs réguliers

> *« L'homme de l'avenir vaudra*
> *ce que vaudront ses loisirs. »*
> Jean Guéhenno

Il ne faut pas perdre trop de temps dans les transports pour en conserver assez pour des activités plus agréables ou plus gratifiantes, notamment les loisirs. En effet, la participation à des activités de loisir, la fréquence de participation à ces activités et la satisfaction retirée sont autant d'indicateurs positivement associés au bonheur[i].

Néanmoins, pour la plupart des activités de loisir, l'effet positif sur le bonheur est ponctuel, même pour les activités rares et particulièrement marquantes comme les voyages. S'il a été montré que les gens ayant fait un long voyage étaient à leur retour significativement plus heureux qu'avant le voyage et sa préparation, l'effet sur la satisfaction de la vie ne s'observe plus au-delà de quelques mois[ii].

L'IMPACT PSYCHOLOGIQUE DES LOISIRS RÉGULIERS

Seuls les loisirs réguliers – c'est-à-dire la pratique d'un sport ou d'un instrument de musique, la participation à un club ou une association, ou encore un hobby systématique… – semblent avoir le pouvoir d'augmenter le bonheur individuel durablement, indépendamment des autres dimensions de la vie.

Par rapport aux loisirs ponctuels, les loisirs réguliers ont l'avantage d'augmenter le bien-être psychologique de l'individu. En s'améliorant dans une tâche par une pratique régulière, on développe une impression de maîtrise et simultanément on éprouve une sensation d'expansion de soi qui, ensemble, contribuent au bien-être psychologique. Souvent, également, les activités de loisirs répétées offrent l'occasion de nouer de nouvelles relations avec des personnes qui partagent une même passion ou des valeurs identiques, ce qui augmente la sensation de connexion aux autres.

LA SENSATION DE « FLOW »

Un troisième avantage des loisirs réguliers est qu'ils offrent la possibilité, précieuse, de vivre un jour une expérience optimale : le *flow*. Le *flow* est un concept de psychologie positive introduit par le psychologue américain d'origine hongroise Mihaly Csikszentmihalyi en 1975. Pendant qu'il était en Italie, Csikszentmihalyi se passionna pour les expériences extrêmes vécues par les artistes lorsque, complètement absorbés par leur travail, ils en oublient jusqu'à manger, boire ou même dormir. Ce type d'expérience fut appelé *flow*, littéralement « flux », parce que plusieurs des artistes interviewés par Csikszentmihalyi comparèrent la sensation vécue à la sensation délicieuse ressentie lorsqu'on se laisse porter par un courant.

Le *flow* est une sensation régulièrement décrite par les artistes ou les sportifs lorsqu'ils expliquent les moments quasi extatiques d'hyper-engagement dans leur travail créatif ou lors de compétitions. Par exemple, le défunt champion de Formule 1 Ayrton Senna, durant les qualifications du Grand Prix de Monaco 1988, déclarait : « *J'étais déjà en pole position [...] et je continuais. Tout à coup j'avais deux secondes d'avance sur tout le monde, même sur mon binôme qui avait la même voiture. Et tout à coup j'ai réalisé que je ne conduisais plus la voiture consciemment. Je la conduisais comme instinctivement, mais j'étais dans une autre dimension. J'étais comme dans un tunnel [...] tout le circuit était un tunnel. Je continuais et continuais, encore et encore et encore et encore. J'avais largement dépassé la limite mais j'étais toujours capable de trouver plus.* »

Autre exemple, tiré du monde des arts cette fois : l'histoire veut que Michel-Ange peignît le plafond de la chapelle Sixtine dans un état de *flow*, s'abstenant de manger, boire et dormir pendant quatre jours avant de perdre connaissance. Puis de recommencer aussitôt.

L'EXPÉRIENCE OPTIMALE EN DÉTAIL

Après des centaines d'interviews de personnes ayant vécu un tel état, Csikszentmihalyi a pu rassembler les caractéristiques communes à la plupart des expériences de *flow* :
- une activité avec un objectif clair ;
- une adéquation entre la difficulté de l'activité (élevée) et les compétences de la personne (élevées également) ;
- une activité gratifiante en soi (l'activité est dite autotélique) ;
- la personne est hyper-concentrée sur la seule activité (hyperfocus) ;
- la personne perd le sentiment de conscience de soi et ne perçoit plus de distance entre elle et l'activité ;
- la personne perd la notion du temps ;

- la personne est en situation d'adapter en temps réel son comportement en fonction des résultats obtenus ;
- la personne ressent un haut niveau de contrôle sur son environnement et sur elle-même.

Les trois premières caractéristiques s'appliquent à l'activité tandis que les cinq autres traduisent l'expérience vécue par l'individu. Une caractéristique nécessaire pour atteindre le *flow* est la délicate adéquation entre le défi proposé et les compétences de l'individu. Csikszentmihalyi illustre cette difficile rencontre par un graphe dans lequel sont représentées les émotions ressenties en fonction des différents couples possibles défi-compétences :

Figure 12. Le *flow* dans le cadran défi-compétences

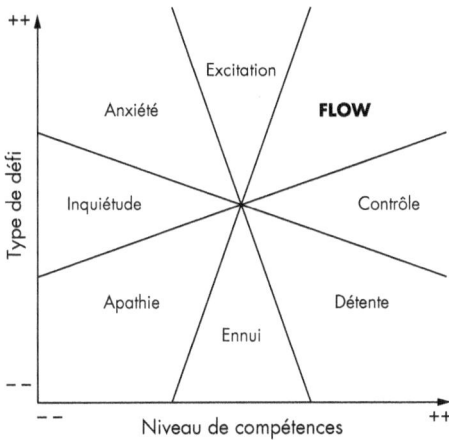

Source : Csikszentmihalyi (1997).

Les deux axes caractérisent les niveaux *relatifs* (par rapport à la moyenne propre à l'individu) de la difficulté de la tâche et des compétences mobilisées. Le *flow* intervient uniquement quand la tâche est vécue comme difficile par l'individu et implique la mobilisation de ses compétences personnelles les plus élevées.

LE « FLOW » ACCESSIBLE

Ainsi, nul besoin d'être un champion en finale d'une grande compétition pour ressentir le *flow*. D'ailleurs, des expériences de *flow* ont été rapportées dans de nombreuses études sur des sportifs ou des artistes amateurs en train de donner le meilleur d'eux-mêmes, dans des domaines aussi variés que la couture, le chant, le tennis de table, le kayak, l'escalade, le snowboard[III]…

Sans être l'apanage des meilleurs experts, l'expérience de *flow* nécessite néanmoins le développement de compétences pour ressentir un minimum de sensation de contrôle face à la tâche à réaliser. En cela, l'expérience de *flow* est impossible pour les débutants et très difficile pour les praticiens occasionnels d'un loisir. De même, le besoin d'engagement total dans l'activité rend inéligibles les loisirs vécus passivement (regarder la télévision, prendre un bain, feuilleter un magazine…). Ainsi, pour pouvoir ressentir un jour le *flow* durant son temps de loisir, il faut d'abord bien choisir son activité puis la pratiquer assidûment.

LA VIE ÉQUILIBRÉE

Au même titre que les revenus ou un travail satisfaisants, les loisirs, quels qu'ils soient, semblent toutefois répondre à la loi de l'utilité marginale décroissante. Même lorsqu'on apprécie une activité de loisir, le plaisir qu'on en tire n'augmente pas proportionnellement avec le temps qu'on y consacre. Dans une série d'études, des chercheurs américains et singapouriens[IV] ont obtenu des résultats plaidant pour un panachage des différents plaisirs de la vie. Ils ont ainsi pu observer que le bien-être émotionnel tiré de son temps libre et notamment du temps passé avec sa famille ou ses amis ne semblait pas augmenter significativement avec le temps passé, voire diminuait au-delà d'une certaine durée quotidienne. De même, lorsque les sondés devaient exprimer leurs préférences face à différentes allocations de leur temps, ils avaient tendance à opter pour des répartitions équilibrées entre les différentes activités. Toutefois, le « mix » d'activités idéal diffère fortement entre les individus. Par exemple, selon les personnalités, il peut varier entre deux et huit heures par jour pour les activités sociales.

D'autres études confirment indirectement qu'une vie équilibrée est en soi désirable. Il a ainsi été montré que les différents besoins psychologiques fondamentaux (autonomie, compétence, estime de soi, connexion aux autres…) avaient des contributions séparées au bonheur[v]. Autrement dit, que l'on ait une haute ou une basse estime de soi, se sentir incompétent dans son travail aura, dans un cas comme dans l'autre, un impact négatif sur le bonheur. Comme il est très difficile de trouver une même activité qui réponde seule à la longue liste des besoins psychologiques fondamentaux, avoir une vie multiple, incorporant des activités variées, semble être une stratégie bien inspirée pour atteindre le bien-être psychologique, et par là le bonheur.

LES RISQUES DE L'HYPERSPÉCIALISATION

Pour autant, il est tout à fait possible d'atteindre un haut niveau de satisfaction de la vie en concentrant ses efforts sur une ou quelques-unes des dimensions de la vie. La satisfaction de la vie est essentiellement cognitive et dépend ainsi largement des dimensions auxquelles on pense au moment d'évaluer l'ensemble de sa vie. Un individu qui consacre tout son temps et toute son énergie à la réussite professionnelle aura vraisemblablement tendance à fortement surpondérer cette dimension dans son évaluation globale. Et dès lors, si le succès est là, à se montrer satisfait de sa vie.

Néanmoins, cette stratégie, comme toute allocation non diversifiée, porte en elle les risques d'une déconvenue en cas de retournement de sa situation personnelle (à cause d'un licenciement, d'un départ à la retraite, d'un accident…). Un risque que ne court pas la personne qui vise l'accomplissement dans plusieurs dimensions.

POUR UN ENGAGEMENT MULTIPLE

Ces derniers résultats seront dérangeants pour les bourreaux de travail. Plutôt que de tout miser sur son travail, même quand celui-ci apporte son lot de récompenses, ils invitent à lui préférer un équilibre de vie personnel. Cette quête requiert d'évaluer préalablement quels besoins psychologiques fondamentaux ne sont pas pleinement assouvis par sa vie actuelle et d'imaginer quelles nouvelles activités permettraient de les satisfaire. Et s'il s'avère que le travail n'est pas en soi pleinement satisfaisant (ce qui est probable…), de réduire le temps qui y est dévolu pour le consacrer à une ou plusieurs activités complémentaires.

Enfin, une fois ces activités complémentaires repérées, il importe de persévérer dans leur pratique afin de se donner la chance de vivre des expériences optimales une fois que les compétences suffisantes seront développées.

En pratique, ce que vous pourriez faire...

▶ Vous mettre à la pratique régulière d'un loisir ou, encore mieux, de plusieurs.

▶ Persévérer dans la pratique de la même activité plutôt que de zapper entre différentes activités.

▶ Pratiquer vos loisirs à l'intérieur de clubs (pour l'aspect social).

▶ Choisir des loisirs qui se complètent dans leurs apports psychologiques (par exemple, allier le développement d'une compétence à la pratique d'un sport collectif).

▶ Bloquer des plages horaires dans votre agenda pour ces loisirs réguliers.

Donner de son temps

> « *Je sais et je sens que faire du bien*
> *est le plus vrai bonheur que le cœur*
> *humain puisse goûter.* »
> Jean-Jacques Rousseau

Le rapport au temps est paradoxal. Objectivement nous avons de plus en plus de temps pour nous. En effet, le temps de travail légal a constamment reculé au XXe siècle, ainsi que le temps dévolu aux activités ménagères, laissant davantage de temps libre. Pourtant, le sentiment de pression temporelle aurait plutôt tendance à augmenter. De plus en plus de gens disent en effet ressentir un stress temporel, notamment dans les catégories socioprofessionnelles élevées[i]. À comparer le ressenti des gens avec l'occupation effective de leur temps, il semble en fait s'agir d'une « illusion de pression temporelle »[ii], qui s'explique davantage par l'acceptation des multiples sollicitations modernes (la télé, le mobile, Internet, les réseaux sociaux…) que par des occupations contraintes. Cette illusion de pression temporelle atteint son paroxysme chez les couples sans enfants (qui ont mécaniquement moins de contraintes).

Or, il a été observé que ressentir du stress temporel diminuait la capacité à apprécier chaque instant ainsi que l'évaluation globale de sa vie[iii]. À l'inverse, ressentir qu'on a du temps libre et qu'on peut en user à sa guise a un effet très positif sur le bonheur, et cela même lorsqu'est contrôlé le temps libre effectif dont l'individu dispose[IV].

DONNER DE SON TEMPS POUR EN GAGNER

Comment réduire cette sensation désagréable de ne pas être maître de son temps ? Réponse contre-intuitive : en le donnant ! Lorsque nous sommes amenés à penser que notre temps est précieux, nous avons tendance à ressentir davantage de stress temporel. C'est le cas dans les expériences en laboratoire, lorsque les expérimentateurs indemnisent généreusement leurs étudiants (qui pourtant ont beaucoup de temps libre…) pour participer aux expériences[V]. C'est aussi le cas de toutes ces activités quotidiennes que l'on fait au pas de course. Le seul fait de voir (y compris de manière subliminale !) des logos de chaînes de fast-food tend à nous faire accélérer le rythme de nos actes[VI].

Inversement, lorsque nous abandonnons du temps, nous avons tendance à nous comporter comme si ce temps était en abondance. Cassie Mogilner, Zoe Chance et Michael Norton, respectivement des universités Wharton, Yale et Harvard, ont testé dans une série de quatre expériences[VII] l'impact de différents usages du temps (le gaspiller, l'utiliser pour soi, l'utiliser pour quelqu'un d'autre, et en gagner en se faisant exempter d'une tâche) sur la sensation subjective d'abondance temporelle. Ils ont obtenu que l'utilisation de son temps pour aider quelqu'un d'autre était la circonstance qui était associée avec la sensation d'abondance temporelle la plus marquée.

Les chercheurs ont expliqué le mécanisme de la manière suivante : en offrant son temps bénévolement, on augmente sa sensation d'auto-efficacité, c'est-à-dire la sensation d'être capable d'organiser efficacement sa vie. Et une fois animé de cette confiance, on est davantage capable de répondre aux multiples engagements de la vie quotidienne, si bien que la contrainte temporelle telle qu'elle est perçue se relâche. Ainsi, de manière paradoxale, on peut se donner du temps en le donnant aux autres.

SE SENTIR BIEN EN AIDANT

Dans le film *Good Bye Lenin !*, Daniel Brühl incarne Alex, un jeune Allemand de Berlin-Est qui cache par tous les moyens à sa mère, fragilisée par un, puis deux infarctus, la chute du mur de Berlin et la réunification allemande. Pour elle, ces événements historiques auraient représenté la fin d'un monde auquel elle était viscéralement attachée. Incarnant l'idéal socialiste, la mère d'Alex est aimée de tous dans son quartier de Berlin-Est pour son altruisme. Avant de tomber dans le coma, elle encadrait les chorales de jeunes, tout en s'occupant d'écrire à la machine les réclamations des habitants aux différentes administrations, sans jamais oublier d'y ajouter une pointe de morgue. Alex, qui a pris la responsabilité de la faire sortir de l'hôpital contre l'avis des médecins, craint le choc qu'elle ressentirait en prenant conscience de la défaite des valeurs dans lesquelles elle croit, en premier lieu l'entraide et le bénévolat.

Au-delà de la fiction, quel est exactement l'impact du bénévolat sur le bonheur de ceux qui le pratiquent ? Si, dans le film, la mère d'Alex avait trouvé dans ses activités une façon d'oublier la douloureuse séparation d'avec son mari, passé à l'Ouest, et même une source de bonheur, elle n'est pas un cas isolé. Les études académiques sur le lien bénévolat-bonheur aboutissent systématiquement à une relation positive. Les bénévoles sont en moyenne plus heureux[VIII] et affichent même des indicateurs de santé physique meilleurs et des taux de mortalité plus faibles que le reste de la population[IX]. Alex a donc raison de préserver sa mère et de lui organiser des séances de bénévolat factices.

LA BOUCLE BONHEUR-BÉNÉVOLAT

Plus précisément, la relation entre bénévolat et bonheur est marquée par la double causalité. Les gens plus heureux ont davantage de chances de se retrouver à faire du bénévolat, et le bénévolat augmente le bonheur de ceux qui le pratiquent. C'est, par exemple, ce qu'ont conclu Peggy Thoits et Lyndi Hewitt, de l'université Vanderbilt aux Etats-Unis, en analysant les réponses à deux enquêtes à trois ans d'intervalle sur le bonheur et les activités sociales des Américains[X]. Elles ont noté, d'une part, que le temps passé à faire du bénévolat rapporté dans la seconde enquête augmentait avec le niveau de bien-être affiché dans la première. Elles ont aussi pu observer que le temps passé aux activités bénévoles renseigné lors de la première enquête était positivement associé aux changements des indicateurs de bien-être étudiés (bonheur, satisfaction de la vie, estime de soi, sensation de contrôle, santé physique, dépression) entre les deux enquêtes. Il y a donc entre bonheur et bénévolat un cercle véritablement vertueux.

OSTALGIE

Ce faisant, les individus ont beaucoup à perdre lorsqu'ils interrompent leurs activités bénévoles. C'est le cas lorsque les institutions qui organisent ces activités s'arrêtent brutalement, pour des raisons politiques par exemple. Comme le suggère le film *Good Bye, Lenin !* la réunification allemande en 1990 en offre une illustration saisissante.

Dans l'ancienne Allemagne de l'Est, les activités associatives étaient encadrées par l'État socialiste et les entreprises publiques. Avec la réunification et l'adoption des structures de la République fédérale, la plupart des associations de l'ancienne RDA ont dû cesser leurs activités. Beaucoup d'Allemands de l'Est se sont alors retrouvés dans la situation de devoir arrêter leurs activités bénévoles. Avec des répercussions importantes sur leur bonheur. S'appuyant sur les données du panel socio-économique allemand recouvrées à partir de la chute du Mur, Stephan Meier et Alois Stutzer, de l'université de Zurich, ont pu comparer le niveau de bonheur des Allemands de l'Est en 1990 et 1992 (soit juste avant et juste après la réunification intervenue le 3 octobre 1990) et l'associer aux changements des pratiques bénévoles sur la période[xi]. Si, au début de 1990, les Allemands de l'Est étaient relativement nombreux à participer à des activités associatives (29 %, dont 18 % fréquemment), les taux ont été réduits de moitié en deux ans du fait des changements politiques. Or, sur la période coïncidant avec la transition politique, le bonheur moyen des Allemands de l'Est a également significativement reflué.

Meier et Stutzer ont cherché à savoir si cette dégradation du bien-être était à relier à la forte réduction des activités associatives. Pour cela, ils ont comparé les changements dans le bonheur rapporté par les Allemands de l'Est aux changements dans leurs pratiques associatives. Ceux qui ont continué comme avant à participer ou à ne pas participer à des activités associatives ont vu leur bonheur refluer d'une manière similaire. En revanche, ceux qui ont dû cesser ou réduire la fréquence de leurs pratiques ont vu leur bonheur chuter beaucoup plus fortement. Enfin, les (rares) Allemands de l'Est qui ont pu commencer à pratiquer le bénévolat entre 1990 et 1992 ont, eux, vu leur bonheur augmenter en moyenne sur la période.

Les Allemands de l'Est ont accueilli avec ferveur la réunification. Avec elle, ils ont beaucoup gagné en libertés individuelles et en niveau de vie. Ils ont pu profiter à plein des nouvelles possibilités de consommation de l'économie de marché grâce à la parité favorable dont ils ont bénéficié pour changer en Deutsche Mark leurs économies en marks est-allemands, un geste éminemment politique. Mais ils ont aussi beaucoup perdu en fréquence et en qualité des relations sociales. Au point de les rendre, au moins pour un temps, plus malheureux après qu'avant la réunification.

En pratique, ce que vous pourriez faire…

▶ Vous octroyer des périodes de « détox » médiatique et digitale pour retrouver du temps.

▶ Donner régulièrement des coups de main ou du soutien affectif à vos proches.

▶ Bloquer des plages horaires dans votre agenda pour les activités bénévoles.

▶ Aller sur www.francebenevolat.org pour découvrir l'éventail des associations existantes.

▶ Participer à un *speed dating* du bénévolat près de chez vous afin de trouver l'association qui vous correspond.

▶ Vous renseigner auprès de votre employeur concernant les possibilités de bénévolat ou mécénat de compétence.

▶ Partir en vacances en temps qu'éco-volontaire pour voyager tout en apportant son aide à la protection de l'environnement (au sein d'une réserve naturelle, dans le cadre d'une mission scientifique…).

Se préparer à la retraite

> *« La retraite, c'était tout simplement
> l'arrêt tant attendu d'un esclavage
> relatif et moderne. C'est tout. Pas l'arrêt
> du plaisir. Pas celui de la vie. »*
>
> Jean-Bernard Pouy

Si, longtemps, la retraite fut synonyme de misère et de santé déclinante, cette image s'est écornée au fil des générations. Portés par des pensions et un patrimoine souvent confortables[1], les retraités semblent aujourd'hui profiter de la vie, ayant le temps et l'énergie d'enchaîner les activités sportives, culturelles, récréatives et sociales, quand ils ne sont pas en voyage.

Pourtant, la retraite pourrait aussi être vécue comme un choc. C'est la fin brutale de la vie productive, en tout cas la fin du travail. L'agenda est beaucoup plus vide et l'on perd progressivement de vue ses anciens collègues. Et puis, même si les retraites sont élevées (par rapport aux salaires des actifs plus jeunes), elles restent inférieures aux derniers salaires touchés (le taux de remplacement moyen est de 70 % en France), entraînant une baisse significative du pouvoir d'achat.

Au final, les retraités sont-ils des gens plutôt heureux ? Pour répondre à cette question intelligemment, il nous faut différencier l'effet de l'âge de l'effet de l'arrêt du travail.

L'ÂGE D'OR

Pour un individu lambda, le bonheur ne sera pas constant durant toute sa vie. Les chercheurs ont observé un schéma typique de fluctuation au cours des différents âges. Dans la plupart des pays développés, il prend la forme d'une courbe en forme de vague[II] qui commence haut durant la jeunesse pour diminuer jusqu'à atteindre un creux vers 45-50 ans, avant de remonter et de toucher son sommet au début de la retraite, puis de décliner à nouveau à partir de 70-75 ans.

Les jeunes retraités forment donc, en moyenne, la classe d'âge la plus heureuse. L'effet n'est-il pas pour autant brouillé par d'autres variables que l'âge qui fluctueraient fortement au cours de la vie, à commencer par les revenus et la situation conjugale ? Cédric Afsa et Vincent Marcus, qui travaillent à l'Insee, ont analysé 25 années de données de l'Eurobaromètre collectées par la Commission européenne[III]. À partir de ces données, ils ont pu distinguer l'effet de l'âge sur le bonheur de celui d'autres facteurs. Les données brutes montrent bien la vague déjà observée par ailleurs. Quand on sépare l'effet des revenus, la courbe de la satisfaction de la vie selon l'âge garde sa forme de vague mais prend une amplitude encore plus marquée, avec des quadragénaires encore moins heureux et des jeunes sexagénaires encore plus heureux. À l'échelle européenne, les revenus relativement élevés des quadragénaires ont joué pour eux un rôle de tampon tandis que les revenus plus faibles des sexagénaires ont amputé un peu leur satisfaction de la vie. De manière identique, la situation conjugale ne transforme pas radicalement la courbe. La seule différence remarquable concerne les quadragénaires qui profitent d'être plus souvent en couple que les cohortes plus jeunes. Sinon, compte tenu de leur âge, leur satisfaction de la vie serait encore plus faible.

Figure 13. La satisfaction de la vie selon l'âge en Europe

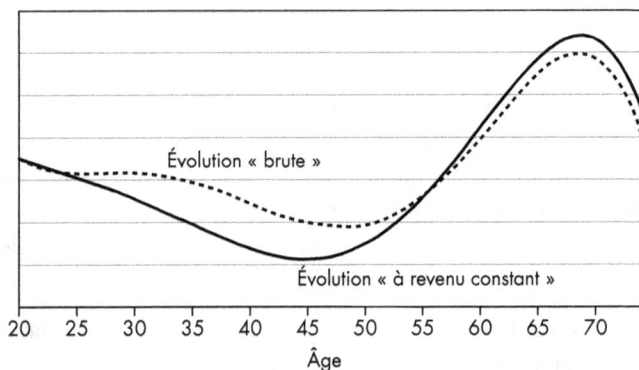

Source : Afsa et Marcus (2008). Lecture : si les individus avaient les mêmes niveaux de revenus tout au long de leur vie (courbe en trait plein), leur bien-être baisserait plus vite entre 20 et 45 ans que ce qui est réellement observé (courbe en pointillés).

TRANSITIONS MULTIPLES

La classe d'âge des jeunes séniors dans son ensemble est donc plus heureuse que toutes les autres. Regardons maintenant quel est l'effet de l'activité professionnelle sur le bonheur de ces séniors heureux ? Les études obtiennent des résultats qui alternent entre un impact non significatif et une légère amélioration du bien-être psychologique au moment du passage en retraite. Ces résultats montrent que la retraite n'est en aucun cas un choc aussi néfaste que le chômage. Dans les faits, on cesse de la même manière d'être utile économiquement mais – et la différence est importante – on ne souffre pas à la retraite du stigmate social attaché au chômage. Il est d'ailleurs à noter que les chômeurs qui passent en retraite connaissent immédiatement une amélioration de leur satisfaction de la vie sans que le programme de leurs journées ne soit radicalement changé[IV].

Mais ce qui ressort surtout de ces travaux est qu'il existe plusieurs trajectoires de transition de l'emploi à la retraite. Si la grande majorité (de 70 % à 90 % des personnes) ne connaissent pas de grands changements de satisfaction de la vie entre la période avant et après le passage en retraite, une petite minorité connaît soit une nette dégradation, soit une nette amélioration[v].

LE CHOIX DE LA RETRAITE

Au final, l'effet de la retraite sur le bonheur dépendra de plusieurs facteurs que les chercheurs ont pu identifier[vi]. Les déterminants importants pour que la période de retraite soit une période heureuse sont les suivants :

- la situation financière : des revenus (absolus et relatifs à ceux des proches) élevés, conformes aux attentes, qui ne souffrent pas d'incertitude et l'absence de descendants à charge ;
- la santé : une santé bonne et stable ;
- la situation conjugale : être marié et avoir un conjoint qui est aussi à la retraite ;
- le type de décision : un départ en retraite volontaire (et non dû à des raisons de santé, au chômage, à une obligation légale…) et planifié en amont ;
- les attitudes : un travail qui n'occupait pas une place trop centrale dans la vie et l'identité de la personne, une représentation positive de la retraite (comme la continuité de la vie d'avant ou un nouveau départ) ;
- les activités : des journées occupées par du travail à temps partiel, du bénévolat, des activités physiques ou sociales.

Inversement, ceux qui continuent de travailler à temps plein après l'âge légal de départ en retraite (62 ans en

France depuis 2011) ne souffrent pas en moyenne d'un déficit de bonheur par rapport à leurs homologues qui ont raccroché. Au contraire, ces personnes toujours en emploi à un âge avancé tendent à être plus satisfaites de leurs vies, à la condition expresse que leur décision ait été volontaire[VII]. Pour la retraite comme pour la poursuite de l'activité professionnelle, la sensation d'autonomie dans la décision est cruciale. Pour ceux qui aiment leur travail et qui ne se sentent ni lassés ni usés par lui, continuer de travailler comme salarié jusqu'à l'âge maximum (70 ans en France depuis 2009), voire au-delà comme indépendant, peut être une solution adaptée qui leur assure à la fois une vie heureuse et une bonne santé. La retraite est l'arrêt d'une servitude uniquement quand le travail était vécu comme une servitude.

En pratique, ce que vous pourriez faire...

▶ Si vous approchez de l'âge de la retraite, vous mettre en relation avec les associations de votre quartier afin d'évaluer les opportunités d'activités bénévoles.

▶ Réfléchir à vos différentes identités et vos différents rôles sociaux, au-delà du travail.

▶ Évaluer exactement les ressources que vous aurez une fois en retraite (retraite du régime général, retraites complémentaires, revenus du capital…) et considérer les options alternatives (le viager ?).

▶ Lister tous les projets importants que vous n'aviez pas eu le temps de concrétiser à cause de votre travail et qui vont devenir possibles.

On récapitule : les freins et les leviers du bonheur

Que retenir de ce voyage parmi les découvertes de l'économie du bonheur ? Commençons par répondre aux trois questions qui ont structuré l'ensemble du livre.

L'ARGENT FAIT-IL LE BONHEUR ?

- *L'argent fait le bonheur, notamment… quand on en manque*

Si les riches sont en moyenne plus heureux que les pauvres, l'argent influence moins le bonheur qu'on ne l'imagine. Et l'argent ne fait pas le bonheur de tous de la même façon. L'argent a un impact positif sur le bonheur, qui est davantage prononcé lorsque l'on est pauvre que lorsque l'on est riche. La raison est que l'argent est plus efficace pour satisfaire les besoins de déficience que pour répondre aux besoins supérieurs, ceux relatifs à la réalisation de soi. Or, plus on est riche, plus on est concentré sur la réalisation de soi.

- *L'argent influence surtout une des trois dimensions du bonheur*

L'argent n'influence pas toutes les dimensions du bonheur avec la même force. Le niveau de revenus conditionne davantage la satisfaction de la vie que les émotions et le bien-être psychologique. Au-delà d'un certain seuil, les revenus n'influencent plus les émotions positives et négatives. Et quand l'argent prend une dimension centrale dans la vie, la réussite financière peut s'accompagner d'un bien-être psychologique moindre, avec la sensation d'un manque de contrôle sur sa vie et d'une faible connexion aux autres.

- *La satisfaction dépend des points de référence utilisés*

On juge constamment sa situation en utilisant des points de référence : sa situation passée, ses attentes, ses aspirations, la situation de ses proches et connaissances. À revenus identiques, on peut donc se sentir plus ou moins satisfait de ses revenus (et, par ricochet, de sa vie) selon le point de référence utilisé. Une conséquence positive est que l'on peut facilement changer sa satisfaction en adoptant un point de référence plus flatteur.

CONSOMMER POUR ÊTRE HEUREUX ?

- *Les biens matériels ont un impact éphémère sur le bonheur*

Les « biens de confort » augmentent le confort durablement mais le bonheur de manière temporaire tout au plus. On s'adapte très vite aux améliorations de son confort, même quand elles relèvent d'acquisitions importantes comme la voiture ou le logement. À court terme, les personnes matérialistes profitent plus que les autres de leurs acquisitions matérielles.

- *Certaines consommations ont néanmoins un effet plus durable*

Les expériences, les activités à plusieurs et les cadeaux pour les autres ont un effet plus marqué et plus prolongé sur le bonheur que les autres consommations. Ces consommations ont la particularité d'améliorer plusieurs composantes du bien-être psychologique (les sentiments de connexion aux autres, de sens ou de croissance personnelle) et de générer des souvenirs pour longtemps. On gagnerait à allouer davantage de son budget à ces consommations.

- *Il existe des alternatives à la consommation pour augmenter son bonheur*

Ces usages positifs incluent l'épargne, les dons et la consommation collaborative. L'épargne permet d'augmenter la sensation d'auto-efficacité financière. Les dons donnent du sens à la vie et améliorent l'estime de soi. Les pratiques collaboratives font coïncider les actes quotidiens de consommation avec des valeurs personnelles non consuméristes (l'engagement écologiste, l'altruisme…).

TRAVAILLER POUR ÊTRE HEUREUX ?

- *Souvent peu satisfaisant, le travail reste préférable au chômage*

La majorité des travailleurs sont moins satisfaits de leur emploi que de leur vie. Le travail est généralement considéré comme une des activités quotidiennes les moins plaisantes. Les travailleurs sont néanmoins beaucoup plus satisfaits de leur vie que les chômeurs. Le chômage est l'un des accidents de la vie qui a l'impact le plus fort sur le bonheur. Et on ne s'y adapte qu'imparfaitement avec le temps.

- *On gagnerait à choisir son travail sur d'autres critères*

On tend à choisir son travail sur la base de critères externes qui paraissent rationnels (le salaire, les perspectives de carrière, le prestige de l'entreprise…). Seulement, ces critères ne sont pas ceux qui, une fois en emploi, génèrent de la satisfaction. Lorsqu'on travaille, la satisfaction dépend largement des caractéristiques intrinsèques à l'emploi (l'autonomie dans les décisions, la flexibilité organisationnelle…) et à l'environnement de travail (la qualité des relations humaines). Une conséquence est que les entrepreneurs et les employés des PME sont davantage satisfaits de leur travail que les employés des grandes entreprises.

- *Le travail n'apporte pas tout et devrait laisser une place aux loisirs*

Même lorsqu'il est satisfaisant, le travail n'est pas une activité qui génère autant d'émotions positives que les activités extraprofessionnelles. Les loisirs, surtout quand ils sont réguliers, peuvent apporter des bienfaits psychologiques complémentaires à ceux qu'apporte le travail. Le bénévolat figure parmi les loisirs connus pour leur aptitude à augmenter le bonheur.

DES DÉCISIONS MAL RÉFLÉCHIES

Au-delà des enseignements thématiques, il ressort des différentes observations au fil du livre que nos décisions, même lorsqu'elles ont été longtemps réfléchies, faillissent souvent à augmenter notre bonheur. Des erreurs récurrentes sont en cause.

- *Des croyances erronées.* Nous avons tous nos croyances sur le bonheur. Certaines sont justes, d'autres franchement fausses. Nous surestimons en général l'importance de l'argent sur le bonheur. Nous pensons également, à tort, que notre bonheur sera augmenté de manière durable si l'on achète des biens durables (une nouvelle voiture, un logement plus grand…). Et parce que nous gardons une mémoire imparfaite des satisfactions générées par nos décisions passées, nous n'ajustons pas efficacement nos croyances et théories du bonheur sur la base de nos expériences, empêchant des changements appropriés de comportement.
- *Une sous-estimation de l'adaptation.* Si certaines de nos croyances sur les déterminants du bonheur sont fausses, nous le devons souvent à notre tendance à sous-estimer la redoutable efficacité de l'adaptation hédonique. Les

recherches montrent que nous nous adaptons parfaitement à presque tout, et notamment au confort matériel.
* *Des effets de loupe préjudiciables.* Nous prenons nos décisions les unes après les autres, en focalisant sur les effets directs (positifs et négatifs) qu'elles auront. Ce zoom momentané nous amène à surestimer l'impact que ces décisions auront sur notre vie et notre bonheur futurs. Aucune chose n'est en réalité aussi importante pour notre bonheur que lorsque notre attention se porte sur elle. D'une part, nous nous adaptons et, d'autre part, notre bonheur dépend de multiples dimensions, qui prendront plus ou moins d'importance au gré des circonstances. Quand on vient juste de se faire « plaquer », avoir une belle voiture, une grande maison ou un gros salaire ne change pas grand-chose à notre mal-être.

DES AUTOMATISMES ANTI-BONHEUR

Tous nos comportements ne sont pas la conséquence de décisions murement réfléchies. Daniel Kahneman, Prix Nobel d'économie 2002 et père fondateur de l'économie comportementale, a montré dans son best-seller *Thinking Fast and Slow* (2011) qu'une grande partie de nos comportements étaient automatiques, non contrôlés et souvent largement inconscients. Ces comportements automatiques sont considérés comme ayant été sélectionnés par l'évolution pour nous permettre d'agir rapidement et sans mobiliser excessivement nos capacités cognitives (l'attention, la mémoire, la capacité de traitement de l'information, etc.) qui sont naturellement limitées. Or, ces comportements automatiques ne sont pas davantage optimisés pour le bonheur que les décisions réfléchies.
* *La consommation impulsive.* La tendance à vouloir consommer les bonnes choses tout de suite, qui traduit

une forte préférence pour le présent, nous empêche de retarder facilement les plaisirs et de profiter de l'« utilité de l'anticipation ». Elle peut également nous conduire à consommer en excès (au-delà de la satiété, et donc sans plaisir) ou à crédit (et susciter une anxiété financière).

- *Le suivi des normes sociales.* Le respect mécanique des normes sociales est également néfaste quand celles-ci n'ont pas été véritablement intériorisées et transformées en valeurs personnelles. Nos décisions génèrent davantage de bonheur lorsqu'elles relèvent de motivations intrinsèques (le plaisir, le sens, la vocation) que de motivations externes. Les personnes qui vivent dans une communauté dont les normes épousent leurs valeurs (les Amish, les partisans de la frugalité…) sont en moyenne plus heureuses que les autres.

- *Les habitudes.* Les comportements que nous répétons par habitude ont le mérite de nous faire gagner du temps (par exemple, le fait de toujours choisir les mêmes marques lorsque nous faisons nos courses) et de nous éviter de nous questionner. Malheureusement, la répétition fait sortir les activités du champ de la conscience, facilite l'adaptation hédonique et enlève à ces activités la capacité d'alimenter notre bonheur autant que pourraient le faire des actions marquées par la variété, la nouveauté ou la surprise.

CHOISISSEZ VOS INTERVENTIONS ÉCONOMIQUES POSITIVES

Toutefois, nous avons le pouvoir de changer. Notre bonheur n'est pas complètement déterminé par un éventuel *setpoint* génétique auquel on reviendrait inéluctablement. Sur le même modèle que les interventions de la psychologie positive (présentées dans la leçon inaugurale), il est possible d'imaginer des interventions économiques positives à partir des résultats des recherches en économie du bonheur vues jusque-là.

Ces interventions économiques positives, que l'on retrouve à la fin de chaque leçon dans les encadrés « En pratique, ce que vous pourriez faire… », sont de six types :

- *les actions ponctuelles et les consommations* (les dons, les cadeaux, les expériences nouvelles, les activités collectives…) ;
- *les exercices et apprentissages dans la durée* (la méditation en pleine conscience, les loisirs réguliers, la gestion de budget…) ;
- *les choix de vie permanents* (quel environnement, quel travail, quelle organisation de son temps ?) ;
- *la redéfinition des objectifs et des aspirations individuelles* (quelle place pour l'argent, pour le confort matériel, pour le statut social ?) ;
- *la modification des pensées et des attitudes* (savourer, anticiper, se remémorer…) ;
- *la réévaluation plus positive de sa situation personnelle* (réaliser l'amélioration de sa situation financière, de son train de vie…).

À vous de choisir parmi ces interventions celles qui correspondent à votre cas personnel (votre situation, votre personnalité, vos valeurs…).

MISE EN GARDE FINALE : LE PARADOXE DU BONHEUR

La quête du bonheur ne saurait néanmoins devenir une obsession. Paradoxalement, les personnes les plus engagées dans une quête active d'amélioration de leur bonheur ont tendance à subir un effet boomerang et voir leur bonheur finalement refluer[i]. De même, les personnes qui valorisent le plus le bonheur sont en moyenne moins heureuses que les autres et plus enclines à connaître des dépressions[II].

Les mécanismes qui vouent à l'échec la quête active du bonheur sont de mieux en mieux connus[III]. Premièrement, en s'évaluant constamment, les personnes en quête de bonheur s'empêchent d'être présentes dans l'instant et de savourer les plaisirs de la vie. Deuxièmement, à viser un bonheur trop élevé, ces personnes se destinent à être finalement déçues. Enfin, en s'engageant dans une recherche individuelle, elles tendent à se déconnecter des autres et à s'aliéner ainsi une composante essentielle du bonheur.

Plutôt que de rechercher directement le bonheur, mieux vaut s'engager pleinement dans des activités connues pour le favoriser[IV], telles que celles croisées tout au long de ce livre. Et de s'y engager pour elles-mêmes. C'est lorsqu'elles cessent d'être un moyen en vue d'atteindre le bonheur que ces activités offrent enfin tout leur potentiel d'amélioration du bonheur. Comme le dit Saint-Exupéry : *« si tu veux comprendre le mot bonheur, il faut l'entendre comme récompense et non comme but. »*

Épilogue

J'espère que vous conviendrez comme moi que l'économie du bonheur a quelques mérites. Elle nous pousse à questionner certains de nos comportements que l'on ne questionne pas d'ordinaire : la place que nous accordons à l'argent, la façon dont nous dépensons nos revenus, les critères derrière nos choix professionnels… Parce que nous tenons nos comportements depuis si longtemps, parce qu'ils sont partagés par tant de monde, ils sont devenus des évidences. Mais ces comportements automatiques nous rendent-ils seulement heureux ? Et puis l'économie du bonheur teste nos croyances et nos intuitions sur le bonheur, les valide ou les invalide, pour finalement les transformer en connaissances.

Les résultats de l'économie du bonheur nous interpellent également sur ce que sont devenues nos sociétés modernes. Qu'avons-nous fait de nos talents ? Le progrès technique, l'augmentation du niveau d'éducation et les formidables gains de productivité qui y sont associés ont dégagé au XXᵉ siècle deux ressources essentielles pour le bonheur : le temps et l'argent. Jamais dans l'histoire de l'humanité il n'aura fallu travailler si peu pour pouvoir vivre décemment. Jamais on n'aura gagné autant. Les possibilités de bonheur sont immenses.

Pourtant les pays riches connaissent désormais une croissance triste, comme si ces deux ressources avaient été mal utilisées depuis plusieurs décennies. La satisfaction de la vie n'augmente plus en tendance dans les pays occidentaux, la satisfaction au travail diminue, le stress, l'anxiété et le sentiment de pression temporelle progressent, tandis que le premier des loisirs (la télévision) comme ceux qui ont émergé (Internet, les réseaux sociaux) n'aident pas vraiment à améliorer le bien-être.

Incontestablement, le modèle des sociétés occidentales s'essouffle. Le triptyque des Trente Glorieuses – travail-consommation-divertissement – est de plus en plus remplacé par le travail-corvée, l'hyperconsommation et le divertissement sans joie. Le développement économique n'augmente plus le bonheur, tout en alimentant des problèmes sociaux (les inégalités) et environnementaux.

Tout semble concourir à l'installation dans les pays riches d'un nouveau modèle, davantage en phase avec les aspirations postmatérialistes des individus. Sans parler de décroissance, ce modèle pourrait substituer au triptyque obsolète un nouvel arrangement dans lequel le travail laisserait la place à la réalisation, la consommation à l'expérience et le divertissement à l'engagement. Autant d'éléments favorables au bonheur.

Des mouvements émergents s'inscrivent déjà dans cette tendance. La problématique du bien-être au travail trouve un écho grandissant. L'économie collaborative est en plein essor : de plus en plus, on partage, on troque, on revend, on loue, on répare. La crise économique commencée en 2007 a remis au goût du jour ces comportements ancestraux que le triomphe de la société de consommation a fait perdre de vue. L'histoire dira si cette crise marque le point de départ d'un véritable changement d'ère.

Les économistes du bonheur ne peuvent qu'appeler ce changement de leurs vœux. Et mettre en garde contre les limites du raisonnement économique. Pour les pays déjà riches, il est probable que la croissance maximale, en tout cas telle qu'elle est générée actuellement, ne sera plus dans le futur celle qui procurera les gains de bonheur les plus importants pour la population. Avec le développement économique les recommandations économiques classiques deviennent moins pertinentes. Avec le développement économique, l'économique doit s'effacer.

Il en est de même pour les recommandations au niveau individuel. Passé un certain niveau de revenus, il n'est plus primordial pour son bonheur personnel de rechercher des stratégies pour gagner encore plus.

Et puis, on ne maximise pas son bonheur lorsque l'on « optimise » son comportement. C'est au contraire quand on donne de son temps ou de son argent ou encore lorsque l'on participe à des activités gratuites que l'on se sent plus riche, et finalement plus heureux. Inversement, lorsque l'on pense à l'argent ou lorsque que l'on évalue ses activités selon les termes économiques (coûts/bénéfices), le bonheur tend à refluer.

Si les conclusions des différentes leçons prises individuellement ne sont pas toutes contraires à l'intuition, le message en filigrane est, lui, déconcertant. Non seulement nous ne sommes pas rationnels dans nos décisions au sens de l'économie, mais… il ne faut surtout pas chercher à l'être systématiquement si l'on souhaite être heureux !

Comme l'avait anticipé Keynes, l'économie a bien créé les conditions matérielles qui rendent possible le bonheur aujourd'hui dans les pays riches. Malheureusement, elle a aussi contribué à diffuser un mode de pensée (individualiste, utilitariste, matérialiste et centré sur l'argent) qui rend les individus de ces pays psychologiquement moins aptes au bonheur. Pour eux, c'est-à-dire pour nous, la leçon de toutes ces leçons d'économie du bonheur est une invitation à débrancher régulièrement son « cerveau économique ». C'est lorsque l'on ne cherche pas à être riche comme Crésus que l'on se donne les moyens d'être plus heureux que lui.

© groupe Eyrolles

Index

ANNEXE

Mesurer le bonheur

LES QUESTIONNAIRES

Pour évaluer ces différentes dimensions du bonheur, les chercheurs ont recours à différents matériaux, parmi lesquels les questionnaires sont de loin les plus utilisés. Ainsi les chercheurs posent-ils des questions à des échantillons de la population sur leurs émotions positives et négatives ressenties, les évaluations qu'ils font de leur vie ou des dimensions particulières de celle-ci (le travail, la santé, la situation financière…) ou sur le niveau d'épanouissement dans certaines dimensions clés (l'autonomie, la compétence, la connexion aux autres…).

Le bien-être émotionnel est généralement calculé à partir du nombre d'émotions positives rapportées par les sondés sur une période donnée (le jour même, la veille, ou une durée plus longue), du nombre d'émotions négatives ou du ratio entre ces deux grandeurs.

La satisfaction de la vie est déduite des évaluations chiffrées que les sondés donnent à leur vie. Par exemple, dans le Gallup World Poll, qui est posé dans plus de 150 pays, les répondants doivent évaluer la qualité de leur vie sur l'échelle de Cantril, graduée de 0 à 10, sachant que le dernier barreau de l'échelle (10) représente la meilleure vie possible selon eux tandis que le barreau le plus bas (0) représente la vie la pire.

Parfois, il est demandé directement aux personnes à quel point elles se sentent heureuses. Leurs réponses sont alors fortement corrélées avec celles portant sur la satisfaction de la vie. En cela, la satisfaction de la vie semble être le concept le plus proche de ce que les gens entendent par « bonheur ».

Enfin, le bien-être psychologique se mesure à partir de questionnaires qui testent plusieurs dimensions à la fois. Par exemple, l'échelle de Ryff[1] évalue six composantes :
- l'autonomie ;
- la maîtrise de son environnement ;
- l'expansion de soi ;
- les relations positives avec les autres ;
- le but et le sens de la vie ;
- l'acceptation de soi.

LES AUTRES MESURES

D'autres méthodes que les questionnaires existent également. Elles ont l'intérêt de gommer les défauts des questionnaires, notamment les biais qui interviennent quand les sondés essaient de reconstruire mentalement leur vie pour l'évaluer. L'échantillonnage d'expériences, qui vise à saisir les états mentaux des répondants au moment même où ils les vivent, utilise des boîtiers que les répondants doivent avoir constamment sur eux. Quand ces boîtiers émettent un son, les répondants doivent signaler quelle activité ils sont en train de faire et estimer comment ils se sentent. Une autre méthode, intermédiaire, est celle dite « de la reconstruction de la journée ». Le répondant est ici amené à reconstituer sa journée heure par heure et à en apprécier les différents moments afin de donner une évaluation globale à sa journée.

DES MESURES SUBJECTIVES PLUTÔT FIABLES

Quels que soient la méthode de collecte et l'indicateur utilisés, les données restituées restent dans tous les cas subjectives. Il s'agit chaque fois du bonheur tel qu'il est ressenti mais aussi tel qu'il est évalué et rapporté par l'individu. Ce qui ouvre la porte à une multitude de biais dans les réponses.

À vie équivalente, une personne pourra s'estimer très heureuse quand une autre ne se donnera même pas la moyenne. Les bornes haute et basse de l'échelle ne sont pas les mêmes pour tous, de même que les critères d'évaluation de la vie. Certains vont privilégier la dimension relationnelle (vie de famille et relations amicales) quand d'autres centreront leurs réponses sur la réussite professionnelle. Qui plus est, l'estimation que l'individu donne personnellement à sa vie et le chiffre qu'il va rapporter aux sondeurs ne sont pas forcément les mêmes. En fonction des cultures, il peut y avoir un biais de désirabilité sociale à se déclarer moins heureux qu'on n'est (en France[II] ou dans les pays d'Asie de l'Est) ou au contraire à se dire plus heureux que son sentiment réel (aux États-Unis).

Ces estimations subjectives autorapportées ne sont donc pas sans faille et ne sauraient égaler une mesure objective du bonheur individuel. Malheureusement, une telle métrique incontestable n'existe pas (encore). Faute de mieux, il faut se satisfaire des mesures subjectives. Un certain nombre de tests ont néanmoins été effectués afin d'évaluer la « fiabilité » et la « validité » de ces mesures subjectives. Et leurs résultats sont plutôt rassurants.

Les questionnaires utilisés sont d'une part fiables : les réponses données sont stables lorsqu'on administre le questionnaire plusieurs fois successivement. Ils ont également une bonne validité interne : différentes questions portant sur une même dimension du bonheur obtiennent des réponses similaires. Ils ont surtout une bonne validité externe. Les évaluations de la vie données par les individus sont ainsi plutôt bien corrélées avec d'autres mesures : les évaluations faites par les proches[III], la stimulation des zones cérébrales associées aux sensations agréables[IV], la fréquence des sourires « authentiques »[V] (ceux qu'on ne peut pas simuler : les « sourires de Duchenne », du nom du neurologue français qui les a découverts au XIXᵉ siècle) ou encore, de manière inversée, avec la probabilité de vivre un épisode dépressif à moyen terme. On peut donc prendre au sérieux ce que les gens disent de leur propre bonheur.

Bibliographie

PROLOGUE

I.   Diener E. et Oishi S. (2006), « The desirability of happiness across cultures », manuscrit non publié, University of Illinois, Urbana-Champaign.

LEÇON INAUGURALE

I.   Daniel B., Heffetz O., Kimball M. et Rees-Jones A. (2012), « What do you think would make you happier? What do you think you would choose? » *American Economic Review*, 102 (5), 2083-2110.

II.   Diener E., Oishi S. et Lucas R. (2003), « Personality, culture, and subjective well-being », *Annual Review of Psychology*, 54, 403-425.

III.   De Neve J.-E., Diener E., Tay L. et Xuereb C. (2013), « The objective benefits of subjective well-being », *World Happiness Report*, chap. 4.

IV.   Oishi S., Diener E. et Lucas R.E. (2007), « The optimal level of well-being: Can we be too happy? » *Perspectives on Psychological Science*, 2, 346-360.

V.   Krause A. (2012), « Don't worry, be happy? Happiness and reemployment », *Discussion Paper Series*, Forschungsinstitut zur Zukunft der Arbeit, 7107.

VI.   Friedman H.S., Tucker J.S., Tomlinson-Keasey C., Schwartz J.E., Wingard D.L. et Criqui M.H. (1993), « Does childhood personality predict longevity? » *Journal of Personality and Social Psychology*, 65, 176-185.

VII.   Campbell-Sills L., Barlow D., Brown T. et Hofmann S. (2006), « Effects of suppression and acceptance on emotional responses on individuals with anxiety and mood disorders », *Behavior Research and Therapy*, 44, 1251-1263 ; Hofmann S., Heering S., Sawyer A. et Asnaani A. (2009), « How to handle anxiety: The effects of reappraisal, acceptance, and suppression strategies on anxious arousal », *Behaviour Research and Therapy*, 47, 389-394.

VIII.   Keyes C. (2002), « The mental health continuum: From languishing to flourishing in life », *Journal of Health and Social Behavior*, 43, 207-222.

IX.   Huppert F. et So T. (2009), « What percentage of people in Europe are flourishing and what characterises them? » OECD/ISQOLS meeting, Florence.

© groupe Eyrolles

X.   Headey B. et Wearing A. (1989), « Personality, life events and subjective well-being: Toward a dynamic equilibrium model », *Journal of Personality and Social Psychology*, 57, 731-39 ; Costa P., McCrae R. et Zonderman A. (1987), « Environmental and dispositional influences on well-being: Longitudinal follow-up of an American national sample », *British Journal of Psychology*, 78, 299-306.

XI.   Lykken D. et Tellegen A. (1996), « Happiness is a stochastic pheno-menon », *Psychological Science*, 7, 186-89 ; Røysamb E., Harris J., Magnus P., Vittersø J. et Tambs K. (2002), « Subjective well-being. Sex-specific effects of genetic and environmental factors », *Personality and Individual Differences,* 32, 211-223 ; Stubbe J., Posthuma D., Boomsma D. et De Geus E. (2005), « Heritability of life satisfaction in adults: A twin-family study », *Psycholo-gical Medicine*, 35, 1581-1588 ; Johnson W., McGue M. et Krueger R. (2005), « Personality stability in late adulthood: A behavioral genetic analysis », *Jour-nal of Personality*, 73 (2), 523-552.

XII.   Parks A. et Biswas-Diener R. (2013), « Positive interventions: Past, pre-sent and future », in Kashdan T. et Ciarrochi J., *Mindfulness, Acceptance and Positive Psychology: The seven foundations of well-being*, Context Press.

XIII.   Seligman M., Rashid T. et Parks A. (2006), « Positive psychotherapy », *American Psychologist*, 61, 774-788.

XIV.   Parks A. et Biswas-Diener R. (2013), art. cit., voir note XIII.

XV.   Lutz A., Greischar L., Rawlings N., Ricard M. et Davidson R. (2004), « Long-term meditators self-induce high-amplitude gamma synchrony during mental practice », *Proceedings of the National Academy of Science*, 101, 16369-16373.

XVI.   Fredrickson B., Cohn M., Coffey K., Pek J. et Finkel S., (2008), « Open hearts build lives: Positive emotions, induced through loving-kindness medi-tation, build consequential personal resources », *Journal of Personality and Social Psychology*, 95 (5), 1045-1062 ; Carmody J. et Baer R. (2008), « Rela-tionships between mindfulness practice and levels of mindfulness, medical and psychological symptoms and well-being in a mindfulness-based stress reduction program », *Journal of Behavioral Medicine*, 31, 23-33 ; Desbordes G., Negi L., Pace T., Wallace A., Raison C. et Schwartz E. (2012), « Effects of mindful-attention and compassion meditation training on amygdala response to emotional stimuli in an ordinary, non-meditative state », *Frontiers in Human Neuroscience*.

LEÇON N° 1 : SE RÉJOUIR DE VIVRE DANS UN PAYS RICHE

I.   Schyns P. (1998), « Cross-national difference in happiness: Economic and cultural factors explored », *Social Indicators Research*, 43, 3-26 ; Diener E., Diener M. et Diener C. (1995), « Factors predicting the subjective well-being of nations », *Journal of Personality and Social Psychology*, 69.

II.   Diener E., Sandvik E., Seidlitz L. et Diener M. (1993), « The relationship between income and subjective well-being: Relative or absolute? » *Social Indicators Research*, 28, 195-223 ; Schyns P. (2002), « Wealth of nations, individual income and life satisfaction in 42 countries: A multilevel approach, » *Social Indicators Research*, 60, 5-40 ; Zavisca J. et Hout M. (2005), « Does money buy happiness in unhappy Russia? » *Berkeley Program in Soviet and Post-Soviet Studies Working Paper*.

III.   Stevenson B. et Wolfers J. (2008), « Economic growth and subjective well-being: Reassessing the Easterlin Paradox », *Brookings Papers on Economic Activity*, 1, 1-87.

IV.   Tay L. et Diener E. (2011), « Needs and subjective well-being around the world », *Journal of Personality and Social Psychology*, 101 (2), 354-365.

V.   Easterlin R. (2001), « Income and Happiness: Towards a unified theory », *Economic Journal*, 111 (473), 465-484.

LEÇON N° 2 : ENVIER LES RICHES MODÉRÉMENT

I.   Aknin L., Norton M. et Dunn E. (2009), « From wealth to well-being? Money matters, but less than people think », *Journal of Positive Psychology*, 4, 523-527.

II.   Kahneman D. et Deaton A. (2010), « High income improves evaluation of life but not emotional well-being », *Proceedings of the National Academy of Sciences of the United States of America*, 107 (38), 16489-16493.

III.   Diener E., Ng W., Harter J. et Arora R. (2010), « Wealth and happiness across the world: Material prosperity predicts life evaluations, while psychosocial prosperity predicts positive feeling », *Journal of Personality and Social Psychology*, 99 (1), 52-61. Leçon 2

LEÇON N° 3 : RÉALISER L'AMÉLIORATION DE SON NIVEAU DE VIE

I.   Stevenson B. et Wolfers J. (2008), « Economic growth and subjective well-being: Reassessing the Easterlin Paradox », *Brookings Papers on Economic Activity*, 1, 1-87.

II.   Clark A., Frijters P. et Shields M. (2008), « Relative income, happiness, and utility: An explanation for the Easterlin paradox and other puzzles », *Journal of Economic Literature*, 46 (1), 95-144.

III.   Easterlin R. (1995), « Will raising the incomes of all increase the happiness of all? » *Journal of Economic Behavior et Organization*, 27, 35-47.

IV.   Burchardt T. (2005), « Are one man's rags another man's riches? Identifying adaptive preferences using panel data », *Social Indicators Research*, 74, 57-102.

V.   Hagerty M. (2003), « Was life better in the good old days? Intertemporal judgments of life satisfaction », *Journal of Happiness Studies*, 4, 115-139.

LEÇON N° 4 : NE PAS LAISSER SON BEAU-FRÈRE PARLER DE SON BONUS

I.   Ferrer-i-Carbonell A. (2005), « Income and well-being: An empirical analysis of the comparison income effect », *Journal of Public Economics*, 89 (5-6), 997-1019.

II.   Guven C. et Sørensen B. (2012), « Subjective well-being: Keeping up with the perception of the Joneses », *Social Indicators Research*, 109 (3), 439-469.

III.   Blanchflower D. et Oswald A. (2004), « Well-being over time in Britain and the USA », *Journal of Public Economics*, 88, 1359-1386.

IV.   McBride M. (2001), « Relative-income effects on subjective well-being in the cross-section », *Journal of Economic Behavior and Organization*, 45, 251-278.

V.   Luttmer E. (2005), « Neighbors as negatives: Relative earnings and well-being », *Quarterly Journal of Economics*, 120(3), 963-1002 ; Graham C. et Felton A. (2006), « Inequality and happiness: Insights from Latin America », *Journal of Economic Inequality*, 4, 107-122.

VI.   Senik C. (2009), « Direct evidence on income comparisons and their welfare effects », *Journal of Economic Behavior and Organization*, 72 (1), 408-424.

VII.   Knight J. et Song L. (2006), « Subjective well-being and its determinants in rural China », *China Economic Review*, 20 (4), 635-649.

VIII. Clark A. et Senik C. (2010), « Who compares to whom? The anatomy of income comparisons in Europe », *Economic Journal*, 120(544), 573-594 ; Layard R., Mayraz G. et Nickell S. (2010), « Does relative income matter? Are the critics right? » *in* Diener E., Helliwell J. et Kahneman D., *International Differences in Well-being*, Oxford University Press.

IX.   Boyce C.J., Brown G.D. et Moore S.C. (2010), « Money and happiness: rank of income, not income, affects life satisfaction », *Psychological Science*, 21 (4), 471-475.

X.   Graham C. et Pettinato S. (2002), « Frustrated achievers: Winners, losers, and public perceptions in the New Global Economy », *Journal of Development Studies*, 38 (4), 100-140.

XI.   Clark A. et Senik C. (2010), « Who compares to whom? The anatomy of income comparisons in Europe », *Economic Journal*, 120(544), 573-594.

LEÇON N° 5 : TENIR EN LAISSE SES ASPIRATIONS

I.   Stutzer, A. (2004). « The role of income aspirations in individual happiness », *Journal of Economic Behavior & Organization*, 54 (1), 89-109.

II.   Easterlin R. (2005), « A puzzle for adaptive theory », *Journal of Economic Behavior and Organization*, 56, 513-521.

III.   Van Praag B. et Frijters P. (1999), « The measurement of welfare and well-being:The Leyden approach », *in* Kahneman D., Diener E. et Schwarz N., *Well-being: Foundations of hedonic psychology*, Russell Sage Foundation.

LEÇON N° 6 : NE PAS MISER SUR LE LOTO OU SUR L'HÉRITAGE

I.   Kuhn P., Kooreman P., Soetevent A. et Kapteyn A. (2011), « The effects of lottery prizes on winners and their neighbors: Evidence from the Dutch Postcode Lottery », *The American Economic Review*, 101 (5), 2226-2247.

II.   Gardner J. et Oswald Andrew J. (2006), « *Money and mental wellbeing: a longitudinal study of medium-sized lottery wins* », *Journal of Health Economics*, vol. 26 (n° 1),49-60.

III.   Schkade D.A. et Kahneman D. (1998), « Does living in California make people happy? A focusing illusion in judgments of life satisfaction », *Psychological Science* 9 (5), 340-346.

LEÇON N° 7 : ÉVITER DE SE COMPARER À DES PERSONNAGES FICTIFS

I.   Tankard J. et Harris M. (1980), « A discriminant analysis of television viewers and nonviewers », *Journal of Broadcasting*, 24, 399-409; Espe H. et Seiwert M. (1987), « Television viewing types, general life satisfaction, and viewing amount:An empirical study in West Germany », *Communications*, 13, 95-110.

© groupe Eyrolles

II.   Frey B. S., Benesch C. et Stutzer A. (2007), « Does watching TV make us happy? », *Journal of Economic Psychology*, 28 (3), 283-313.

III.   Benesch C., Frey B. S. et Stutzer, A. (2010), « TV channels, self-control and happiness », *The Journal of Economic Analysis & Policy*, 10 (1).

IV.   Bruni L. et Stanca L. (2008), « Watching alone: Relational goods, television and happiness », *Journal of Economic Behavior et Organization*, 65 (3-4), 506-528.

V.   Condry J. (1989), *The Psychology of Television*, Lawrence Erlbaum Associates.

VI.   O'Guinn T. et Shrum L. (1997), « The role of television in the construction of consumer reality », *Journal of Consumer Research*, 23, 278-294.

VII.   Yang H., Ramasubramanian S. et Oliver M. (2008), « Cultivation effects on quality of life indicators: Exploring the effects of American television consumption on feelings of relative deprivation in South Korea and India », *Journal of Broadcasting and Electronic Media*, 52 (2), 247-267.

VIII. Sirgy M. et al. (1998), « Does television viewership play a role in the perception of quality of life? », *Journal of Advertising*, 27 (1), 125-142.

IX.   Schor J. (1999), « The new politics of consumption: Why Americans want so much more than they need », *Boston Review*.

X.   Hyll W. et Schneider L. (2013), « The causal effect of watching TV on material aspirations: Evidence from the Valley of the Innocent », *Journal of Economic Behavior and Organization*, 86, 37-51.

XI.   Lin L. et Kulik J. (2002), « Social comparison and women's body satisfaction », *Basic and Applied Social Psychology*, 24 (2), 115-123 ; Wedell D., Santoyo E. et Pettibone J. (2005), « The thick and thin of it: Contextual effects in body perception », *Basic and Applied Social Psychology*, 27, 213-227.

XII.   Yamimiya Y. (2007), « Media exposure and males' evaluation of the appearance of females », Graduate Thesis, University of South Florida.

XIII. Chou H. et Edge N. (2012), « They are happier and having better lives than I am: The impact of using Facebook on perceptions of others' lives », *Cyberpsychology, Behavior, and Social Networking*, 15 (2), 117-121.

XIV.   Haferkamp N. et Krämer N. (2011), « Social comparison 2.0: Examining the effects of online profiles on social-networking sites », *Cyberpsychology, Behavior, and Social Networking*, 14 (5), 309-314.

LEÇON N° 8 : ARRÊTER DE PENSER QUE LE TEMPS, C'EST DE L'ARGENT

I.   Bargh J., Chen M. et Burrows L. (1996), « Automaticity of social behavior: Direct effects of trait construct and stereotype priming on action », *Journal of Personality and Social Psychology*, 71, 230-244.

II. Vohs K., Mead N. et Goode M. (2008), « Merely activating the concept of money changes personal and interpersonal behavior », *Current Directions in Psychological Science*, 17(3), 208-212.

III. DeVoe S. et House J. (2012), « Time, money, and happiness: How does putting a price on time affect our ability to smell the roses? » *Journal of Experimental Social Psychology*, 48 (2), 466-474.

IV. DeVoe S. et Pfeffer J. (2007), « When time is money: The effect of hourly payment on the evaluation of time », *Organizational Behavior and Human Decision Processes*, 104, 1-13.

V.   DeVoe S. et Pfeffer J. (2007), « Hourly payment and volunteering: The effect of organizational practices on decisions about time use », *Academy of Management Journal*, 50, 783-798.

LEÇON N° 9 : CONSERVER LE GOÛT DES PLAISIRS SIMPLES

I.   Quoidbach J., Dunn E., Petrides K. et Mikolajczak M. (2010), « Money giveth, money taketh away: The dual effect of money on happiness », *Psychological Science*, 21, 759-763.

II. Bryant F. (2003), « Savoring Beliefs Inventory (SBI): A scale for measuring beliefs about savouring », *Journal of Mental Health*, 12, 175-196.

III. Kurtz J. (2008), « Looking to the future to appreciate the present: The benefits of perceived temporal scarcity », *Psychological Science*, 19, 1238-1241.

IV. Galak J., Kruger J. et Loewenstein G. (2013), « Slow down! Insensitivity to rate of consumption leads to avoidable satiation », *Journal of Consumer Research*, 39 (5), 993-1009.

V.   Killingsworth M. et Gilbert D. (2010), « A wandering mind is an unhappy mind », *Science*, 330, 932-932.

VI. Schwarz N., Kahneman D. et Xu J. (2009), « Global and episodic reports of hedonic experience », in Belli R., Stafford F. et Alwin D., *Calendar and Diary Methods in Life Course Research*, Sage.

VII. Easterlin R. et Cardeña E. (1998-1999), « Cognitive and emotional differences between short and long term Vipassana meditators », *Imagination, Cognition, and Personality*, 18, 69-81.

VIII. Adelmann P. et Zajonc R. (1989), « Facial efference and the experience of emotion », *Annual Review of Psychology*, 40, 249-280.

IX.   Bryant F., Smart C. et King S. (2005), « Using the past to enhance the present: Boosting happiness through positive reminiscence », *Journal of Happiness Studies*, 6, 227-260.

X.   Watkins P., Grimm D. et Kolts R. (2004), « Counting your blessings: Positive memories among grateful persons », *Current Psychology*, 23, 52-67.

XI.   Gable S., Reis H., Impett E. et Asher E. (2004), « What do you do when things go right? The intrapersonal and interpersonal benefits of sharing positive events », *Journal of Personality and Social Psychology*, 87, 228-245.

XII. Koo M., Algoe S., Wilson T. et Gilbert D. (2008), « It's a wonderful life: Mentally subtracting positive events improves people's affective states, contrary to their affective forecasts », *Journal of Personality and Social Psychology*, 95, 1217-1224.

XIII. Quoidbach J., Berry E., Hansenne M. et Mikolajczak M. (2010), « Positive emotion regulation and well-being: Comparing the impact of eight savoring and dampening strategies », *Personality and Individual Differences*, 49, 368-373.

LEÇON N° 10 : INTERROGER LA PLACE DE L'ARGENT DANS SA VIE

I.   Kasser T. et Ryan R. (1993), « A dark side of the American dream: Correlates of financial success as a central life aspiration », *Journal of Personality and Social Psychology*, 65, 410-422 ; Chan R. et Joseph S. (2000), « Dimensions of personality, domains of aspiration, and subjective well-being », *Personality and Individual Differences*, 28, 347-354 ; Diener E. et Oishi S. (2000), « Money and happiness: income and subjective well-being across nations », *in* Diener E. et Suh E., *Culture and Subjective Well-Being*, MIT Press.

II.   Hobson C.J., Delunas L. et Kesic D. (2001), « Compelling evidence of the need for corporate work/life balance initiatives: Results from a national survey of stressful events », *Journal of Employment Counseling*, 38, 38-44 ; Stanton-Rich H. et Iso-Ahola S. (1998), « Burnout and leisure », *Journal of Applied Social Psychology*, 28, 1931-1950.

III. Nickerson C., Schwarz N., Diener E. et Kahneman D. (2003), « Zeroing in on the dark side of the American dream: A closer look at the negative consequences of the goal for financial success », *Psychological Science*, 14, 531-536.

IV.   Srivastava A., Locke E. et Bartol K. (2001), « Money and subjective well-being: It's not the money, it's the motives », *Journal of Personality and Social Psychology*, 80, 959-971.

V. Sheldon K., Ryan R., Deci E. et Kasser T. (2004), « The independent effects of goal contents and motives on well-being: it's both what you do and why you do it », *Personality and Social Psychology Bulletin*, 30, 475-486.

VI. Gardarsdottir R., Dittmar H. et Aspinall C. (2009), « It's not the money, it's the quest for a happier self: the role of happiness and success motives in the link between financial goals and subjective well-being », *Journal of Social and Clinical Psychology*, 28 (9), 1100-1127.

VII. Schooler J., Ariely D. et Loewenstein G. (2003), « The pursuit and assessment of happiness can be self-defeating », *in* Brocas I. et Carrillo J., *The Psychology of Economic Decisions*, Oxford University Press.

VIII. Nickerson *et al.* (2003), art. cit., voir note III.

LEÇON N° 11 : DEVENIR PROPRIÉTAIRE À SON RYTHME

I. Bloze G. et Skak M. (2010), « Homeownership and subjective well-being », *Discussion papers on Business and Economics*, University of Southern Denmark ; Caldera-Sanchez A. et Tassot C. (2014), « An Exploration of the Determinants of the Subjective Well-being of Americans During the Great Recession », *OECD Economics Department Working Papers*, n° 1158.

II. Rohe W.M. et Basalo V. (1997), « Long-term Effects of Home Ownership on the Self-perceptions and Social Interaction of Low-income Persons », *Environment and Behaviour*, 29 (6).

III. Zumbro T. (2014), « The Relationship Between Homeownership and Life Satisfaction in Germany », *Housing Studies*, 29 (3).

IV. Diaz-Serrano L., Ferrer-i-Carbonell A. et Hartog J. (2009), « Disentangling the Housing Satisfaction Puzzle: Does Homeownership Really Matter? », *Working Paper*.

V. DiPasquale D. et Glaeser E. (1999), « Incentives and Social Capital: Are Homeowners Better Citizens? », *Journal of Urban Economics*, 45 (2).

VI. Geis K. et Ross C. (1998), « A New Look at Urban Alienation: The Effect of Neighborhood Disorder on Perceived Powerlessness », *Social Psychology Quarterly*, 61 (3).

VII. Zumbro (2011), *op. cit.*

VIII. Bloze et Skak (2010), *op. cit.*

IX. Stillman S. et Young Y. (2011), « Does Homeownership increase personal wellbeing? », *Hilda Conference 2011 Discussion paper*.

© groupe Eyrolles

X.   Bucchanieri G. (2009), « The American Dream or The American Delusion? The Private and External Benefits of Homeownership », *Working Paper*, The Wharton School of Business.

XI.   Munch J., Rosholm M. et Svarer M. (2006), « Are homeowners really more unemployed? », *The Economics Journal*, 116.

LEÇON N° 12 : ATTENDRE AVANT DE CHANGER DE VOITURE

I.   Schwarz N. et Jing Xu (2011), « Why don't we learn from poor choices? The consistency of expectations, choice, and memory clouds the lessons of experience », *Journal of Consumer Psychology*, 21 (2), 142-45.

II.   Emmerling J. et Qari S. (2011), « Durable consumption goods and happiness – A dynamic perspective », *Working Paper*.

III.   Nakazato N., Schimmack U. et Oishi S. (2010), « Effect of changes in living conditions on well-being: a prospective top-down bottom-up model », *Social Indicatiors Research*, 100 (1), 115-135.

LEÇON N° 13 : RECHERCHER LES EXPÉRIENCES

I.   Van Boven L., Campbell M. et Gilovich T. (2010), « Stigmatizing materialism: On stereotypes and impressions of materialistic versus experiential pursuits », *Personality and Social Psychology Bulletin*, 36, 551-563.

II.   Carter T. et Gilovich T. (2010), « The relative relativity of material and experiential purchases », *Journal of Personality and Social Psychology*, 98 (1), 146-159 ; Rosenzweig E. et Gilovich T. (2012), « Buyers remorse or missed opportunity? Differential regrets for material and experiential purchases », *Journal of Personality and Social Psychology*, 102, 215-223.

III.   Walker W. et Skowronski J. (2009), « The fading affect bias. But what the hell is it for? » *Applied Cognitive Psychology*, 23, 1122-1136 ; Mitchell T., Thompson L., Peterson E. et Cronk R. (1997), « Temporal adjustments in the evaluation of events: The rosy view », *Journal of Experimental Social Psychology*, 33, 421-448.

IV.   Carter T. et Gilovich T. (2012), « I am what I do, not what I have: The centrality of experiential purchases to the self-concept », *Journal of Personality and Social Psychology*, 102 (6), 1304-1317.

V.   Van Boven L. et Gilovich T. (2003), « To do or to have? That is the question », *Journal of Personality and Social Psychology*, 85, 1193-1202.

LEÇON N° 14 : CONSOMMER ENSEMBLE

I.   Lloyd K. et Auld C. (2002), « The role of leisure in determining quality of life: Issues of content and measurement », *Social Indicators Research*, 57, 43-71.

II.   Reyes-García V. et al. (2009), « The pay-offs to sociability. Do solitary and social leisure relate to happiness? » *Human Nature*, 20, 431-446.

III.   Crabtree S. (2004), « Getting personal in the workplace: Are negative relationships squelching productivity in your company? » *Gallup Management Journal*.

IV.   DeLeire T. et Kalil A. (2010), « Does consumption buy happiness? Evidence from the United States », *International Review of Economics*, 57(2), 163-176.

V.   Prinz A. et Bünger B. (2009), « The decline of relational goods in the production of well-being? » *CAWM Discussion Papers*, 21, University of Münster.

VI.   Becchetti L., Trovato G. et Bedoya D. (2011), « Income, relational goods and happiness », *Applied Economics*, 43, 273-290.

VII.   Bartolini S. et Bonatti L. (2002), « Environmental and social degradation as the engine of economic growth », *Ecological Economics*, 41, 1-16.

VIII. Aguiar M. et Hurst E. (2007), « Measuring Trends in Leisure: The allocation of time over five decades », *The Quarterly Journal of Economics*, 122(3), 969-1006 ; Bruni L. et Stanca L. (2008), « Watching alone: Relational goods, television and happiness », *Journal of Economic Behavior et Organization*, 65 (3-4), 506-528.

LEÇON N° 15 : VARIER LES PLAISIRS

I.   Rolls E. et De Waal A., « Long-term sensory specific satiety: Evidence from an Ethiopian refugee camp », *Physiology and Behavior*, 34, 1017-1020.

II.   Quoidbach J. et Dunn E.W. (2013), « Give it up: a strategy for combatting hedonic adaptation », *Social Psychological and Personality Science,* 4, 563-568.

III.   Easterlin R. et Cardeña E. (1998-1999), « Cognitive and emotional differences between short and long term Vipassana meditators », *Imagination, Cognition, and Personality*, 18, 69-81.

IV.   Killingsworth M. et Gilbert D. (2010), « A wandering mind is an unhappy mind », *Science*, 330, 932.

V.   Steenkamp, Jan-Benedict E.M. et Baumgartner H. (1992), « The role of optimum stimulation level in exploratory consumer behavior », *Journal of Consumer Research*,19 (décembre), 434-448.

VI.   Buchanan K. et Bardi A. (2010), « Acts of kindness and acts of novelty affect life satisfaction », *Journal of Social Psychology,* 150 (3), 235-237.

VII.   Diener E., Sandvik E. et Pavot W. (1991), « Happiness is the frequency, not the intensity, of positive versus negative affect », in Strack F., Argyle M. et Schwarz N., *Subjective well-being: An interdisciplinary perspective*, Pergamon.

LEÇON N° 16 : LIMITER LA CONSOMMATION STATUTAIRE

I.   Johansson-Stenman O. et Martinsson P. (2006), « Honestly, why are you driving a BMW ? », *Journal of Economic Behaviour & Organization*, 60 (2), 129-146.

II.   Long J., Lynch J., Machiran N., Thomas S. et Manilow K. (2004), « The effect of status on blood pressure during verbal communication », *Behavior Science*, 5 (2), 165-172.

III.   Frank R. (1985), *Choosing the Right Pond. Human Behavior and the Quest for Status*, Oxford University Press.

IV.   McGuire M., Raleigh M. et Brammer G. (1982), « Sociopharmacology », *Annual Review of Pharmacological Toxicology*, 22, 643-661 ; McGuire M., Troisi A. et Raleigh M. (1997), « Depression in evolutionary context » *in* Baron-Cohen S., *The Maladapted Mind: Classic readings in evolutionary psychopathology*, Erlbaum/Taylor & Francis.

V.   Redelmeier D. et Singh S. (2001), « Survival in academy award-winning actors and actresses », *Annals of Internal Medicine*, 134 (10), 955-962.

VI.   Rablen M. et Oswald A. (2008), « Mortality and immortality: The Nobel Prize as an experiment into the effect of status upon longevity », *Journal of Health Economics*, 27 (6), 1462-1471.

VII.   Hudders L. et Pandelaere M. (2012), « The silver lining of materialism: the impact of luxury consumption on subjective well-being », *Journal of Happiness Studies*, 13 (3), 411-437.

VIII. Buss D. (1989), « Sex differences in human mate preferences: Evolutionary hypotheses tested in 37 cultures », *Behavioral and Brain Sciences,* 12, 1-49.

IX.   Griskevicius V., Tybur J., Sundie J., Cialdini R., Miller G. et Kenrick D. (2007), « Blatant benevolence and conspicuous consumption: When romantic motives elicit strategic costly signals », *Journal of Personality and Social Psychology*, 93, 85-102.

X.   Wilson M. et Daly M. (2004), « Do pretty women inspire men to discount the future? » *Proceedings of the Royal Society of London*, 271, 177-179.

XI.   Wei C. et Zhang X. (2009), « The Competitive Saving Motive: Evidence from rising sex ratios and savings rates in China », *NBER Working Paper*, n° 15093 ; Chiu A., Headey D. et Zhang X. (2010), « Are India's gender imbalances inducing higher household savings? » Agricultural and Applied Economics Association.

XII.   Griskevicius V. *et al.* (2007), art. cit., voir note IX.

XIII.   Winkelmann R. (2012), « Conspicuous consumption and satisfaction », *Journal of Economic Psychology*, 33 (1), 183-191.

LEÇON N° 17 : RÉSERVER SES VACANCES À L'AVANCE

I.   Mischel W., Shoda Y. et Rodriguez M. (1989), « Delay of gratification in children », *Science*, 244, 933-938.

II.   Mischel W. et Ayduk O. (2002), « Self-regulation in a cognitive-affective personality system: Attentional control in the service of the self », *Self and Identity*, 1, 113-120.

III.   Kassam K., Gilbert D., Boston W. et Wilson T. (2008), « Future anhedonia and time discounting », *Journal of Experimental Social Psychology*, 44 (6), 1533-1537.

IV.   Mitchell T., Thompson L., Peterson E. et Cronk R. (1997), « Temporal adjustments in the evaluation of events: The rosy view », *Journal of Experimental Social Psychology*, 33, 421-448.

V.   Van Boven L. et Ashworth L. (2007), « Looking forward, looking back: Anticipation is more evocative than retrospection », *Journal of Experimental Psychology*: General, 136, 289-300 ; Caruso E., Gilbert D. et Wilson T. (2008), « A wrinkle in time: Asymmetric valuation of past and future events », *Psychological Science*, 19, 796-801.

VI.   Nawijn J., Miquelle A. Marchand M.A., Veenhoven R. et Vingerhoets A.J. (2010), « Vacationers happier, but most not happier after a holiday », *Applied Research in Quality of Life,* 5 (1), 35-47.

VII.   Muraven M., Baumeister R. et Tice D. (1999), « Longitudinal improvement of self-regulation through practice: Building self-control strength through repeated exercise », *Journal of Social Psychology*, 139, 446-457 ; Oaten M. et Cheng K. (2006), « Improved self-control: The benefits of a regular program of academic study », *Basic and Applied Social Psychology*, 28, 1-16.

LEÇON N° **18** : QUESTIONNER SON MATÉRIALISME

I.   Jarden A. (2010), « The Relationship Between Personal Values, and Depressed Mood and Subjective Wellbeing », PhD Thesis, University of Canterbury.

II.   Muffels R., Skugor D. et Dingemans E. (2012), « Money does not buy much happiness. But what have income inequality, modernization and personal values got to do with it? » *Working Paper*.

III.   Caporale G., Georgellis Y., Tsitsianis N. et Yin Y. (2009), « Income and happiness across Europe: Do reference values matter? » *Journal of Economic Psychology*, 30 (1), 42-51.

IV.   Hellevik O. (2003), « Economy, values, and happiness in Norway », *Journal of Happiness Studies*, 4, 243-283.

V.   Belk R. (1985), « Materialism: Traits aspects of living in the material world », *Journal of Consumer Research*, 12, 265-280.

VI.   Richins M. et Dawson S. (1992), « A consumer values orientation from materialism and its measurement: Scale development and validation », *Journal of Consumer Research*, 19, 303-16.

VII.   Fitzmaurice J. et Comegys C. (2006), « Materialism and social consumptions », *Journal of Marketing Theory and Practice*, 14 (4), 287-299.

VIII.   Rindfleisch A., Freeman D. et Burroughs J. (2000), « Nostalgia, materialism, and product preference: an initial inquiry », *Advances in Consumer Research*, 27, 36-41.

IX.   Kasser T., Ryan R., Couchman C. et Sheldon C. (2004), « Materialistic values: Their causes and consequences », in Kasser T. et Danner A., *Psychology and Consumer Culture*, American Psychology Association Press.

X.   Christopher A., Lasane T., Troisi J. et Park L. (2007), « Materialism, defensive and assertive self-presentational styles, and life satisfaction », *Journal of Social and Clinical Psychology*, 26 (10), 1146-1163.

XI.   Christopher A., Saliba L. et Deadmarsh E. (2009), « Materialism and well-being: The mediating effect of locus of control », *Personality and Individual Differences*, 46 (7), 682-686.

XII.   Kashdan T. et Breen W. (2007), « Materialism and diminished well-being: Experiential avoidance as a mediating mechanism », *Journal of Social and Clinical Psychology*, 26, 521-539.

XIII. Solberg E., Diener E. et Robinson M. (2004), « Why are materialists less satisfied? », in Kasser T. et Danner A., *Psychology and Consumer Culture,* American Psychology Association Press.

XIV. Chiagouris L. et Mitchell L. (1997), « The new materialists in values, lifestyles, and psychographics », *in* Kahle L. et Chiagouris L.,V*alues, Lifestyles and Psychographics*, Lawrence Erlbaum.

LEÇON N° 19 : TESTER LA FRUGALITÉ

I.   Kasser T. (2005), « Frugality, generosity, and materialism in children and adolescents », in Moore K. et Lippman L.,What do children need to flourish? Conceptualizing and measuring indicators of positive development, Springer Science.

II.   Brown K. et Kasser T. (2005), « Are psychological and ecological well-being compatible? The role of values, mindfulness, and lifestyle », Social Indicators Research, 74, 349-368.

III. Xiao J.J. et Li H. (2011), « Sustainable consumption and life satisfaction », Social Indicators Research, 104.

IV.   Welsch H. et Kuhling J. (2008), « Pro-Environmental Behavior and Rational Consumer Choice: Evidence from Surveys of Life Satisfaction », Working paper.

V.   Mudjcic R. et Oswald A. (2016), « Evolution of Well-Being and Happiness After Increases in Consumption of Fruit and Vegetables », AJPH, 106 (8).

VI.   Norton M., Mochon D. et Ariely D. (2012), « The IKEA effect: When labor leads to love », Journal of Consumer Psychology, 22 (3).

VII. Mochon D., Norton M. et Ariely D. (2014), « Bolstering and Restoring Feelings of Competence *via* the IKEA Effect », International Journal of Research in Marketing, 29 (4).

LEÇON N° 20 : PRATIQUER UNE CONSOMMATION COLLABORATIVE SÉLECTIVE

I.   « Les Français et les pratiques collaboratives », 2013, Ipsos.

II.   Schor J. (2016), « Does the Sharing Economy Increase Inequality Within the Eighty Percent?: Findings from a Qualitative Study of Platform Providers », *Working paper*, Boston College.

III.   Dubois E., Schor J. et Carfagna L. (2014), « New Cultures of Connection in a Boston Time Bank », in *Sustainable Lifestyles and The Quest for Plentitude: Case Studies of the New Economy*, Yale University Press.

IV.   Fitzmaurice & Schor (2015), « Handmade matters: anatomy of a failed circuit of commerce », *Working paper*, Boston College.

V.   Parigi P., State B., Dakhlallah D., Corten R. et Cook K. (2013), « A Community of Strangers: The Dis-Embedding of Social Ties », *PLoS ONE*, 8 (7).

VI.   Parigi P. et State B. (2014), « Disenchanting the World: The Impact of Technology on Relationships », *Social Informatics*, 8851.

VII.   Schor J. (2015), « The sharing economy: reports from stage 1 », *Working paper*, Boston College.

Leçon n° 21 : Tenir son budget

I.   Johnson W. et Krueger R. (2006), « How money buys happiness: Genetic and environmental processes linking finances and life satisfaction », Journal of Personality and Social Psychology, 90, 680-691 ; Pirog S. et Roberts J. (2007), « Personality and credit card misuse among college students: The mediating role of impulsiveness », Journal of Marketing Theory and Practice, 15 (1), 65-77 ; Brown S., Taylor K. et Wheatley Price S. (2005), « Debt and distress: Evaluating the psychological cost of credit », Journal of Economic Psychology, 26 (5), 642-663.

II.   Gray D. (2014), « Financial Concerns and Overall Life Satisfaction: A Joint Modelling Approach », SERPS, n° 2014008.

III.   Norvilitis J., Szablicki P. et Wilson S. (2003), « Factors influencing levels of credit card debt in college students », Journal of Applied Social Psychology, 33, 935-947.

IV.   Reading R. et Reynolds S. (2001), « Debt, social disadvantage and maternal depression », Social Science and Medicine, 53, 442-454.

V.   Bergermaier R., Borg I. et Champoux J. (1984), « Structural relationships among facets of work, nonwork, and general well-being », Work and Occupations, 11, 163-181.

VI.   Johnson et Krueger (2006), *op. cit.*

VII.   Ruberton P., Gladstone J. et Lyubomirsky S. (2016), « How Your Bank Balance Buys Happiness: The Importance of "Cash on Hand" to Life Satisfaction ». Emotion.

VIII. Bryant S., Stone D. et Wier B. (2005), « Financial self-efficacy, goals, and psychological well-being », Brock University research seminar.

LEÇON N° 22 : FAIRE DES CADEAUX TOUTE L'ANNÉE

I.   Lyubomirsky S., Tkach C. et Yelverton J. (2003), « Pursuing sustained happiness through random acts of kindness and counting one's blessings: Tests of two six-week interventions », *Working Paper*, University of California.

II.   Deci E., La Guardia J., Moller A., Scheiner M. et Ryan R.M. (2006), « On the benefits of giving as well as receiving autonomy support: Mutuality in close friendships », *Personality and Social Psychology Bulletin*, 32, 313-327.

III.   Otake K., Shimai S., Tanaka-Matsumi J., Otsui K. et Fredrickson B. (2006), « Happy people become happier through kindness: A counting kindnesses intervention », *Journal of Happiness Studies*, 7, 361-375.

IV.   Dunn E. W., Aknin L. B. et Norton M. I. (2008), « Spending money on others promotes happiness », *Science*, 319, 1687-1688.

V.   Dunn E., Ashton-James C., Hanson M. et Aknin L. (2010), « On the costs of self-interested economic behavior: How does stinginess get under the skin? » *Journal of Health Psychology*, 15, 627-633.

LEÇON N° 23 : NE PAS ATTENDRE LE TÉLÉTHON POUR DONNER

I.   Aknin L. et al. (2013), « Prosocial spending and well-being: cross-cultural evidence for a psychological universal », *Journal of Personality and Social Psychology*, 104 (4), 635-652.

II.   Harbaugh W., Mayr U. et Burghart D. (2007), « Neural responses to taxation and voluntary giving reveal motives for charitable donations », *Science*, 316 (5831), 1622-1625 ; Tankersley D., Stowe C. et Huettel S. (2007), « Altruism is associated with an increased neural response to agency », *Nature Neuroscience*, 10 (2), 150-151.

III.   Harbaugh, Mayr et Burghart (2007), art. cit., voir note précédente.

IV.   Weinstein N. et Ryan R. (2010), « When helping helps: Autonomous motivation for prosocial behavior and its influence on well-being for the helper and recipient », *Journal of Personality and Social Psychology*, 98, 222-244.

V.   Chance Z. et Norton M. (2014), « I give, therefore I have: Giving and subjective wealth », *Working Paper*.

LEÇON N° **24** : TOUT FAIRE POUR ÉVITER LE CHÔMAGE

I.   Di Tella R., MacCulloch R. et Oswald A. (2003), « The macroecono-
mics of happiness », *Review of Economics and Statistics*, 85, 809-827 ; Argyle M.
(2001), *The Psychology of Happiness*, Taylor and Francis ; Frey B. et Stutzer A.
(2002), *Happiness and Economics. How the Economy and Institutions Affect Human
Well-Being*, Princeton University Press.

II.   Clark A. et Oswald A. (1994), « Unhappiness and Unemployment »,
Economic Journal, 104 (2), 648-659.

III.   Clark A., Diener E., Georgellis Y. et Lucas R. (2008), « Lags and leads
in life satisfaction: A test of the baseline hypothesis », *Economic Journal*, 118,
222-243.

IV.   Frey et Stutzer (2002), op. cit.

V.   Powdthavee N. (2012), « Jobless, friendless, and broke: What happens to
different areas of life before and after unemployment? » *Economica*, 79 (315),
557-575.

VI.   *Ibid.*

VII.   Lucas R., Clark A., Georgellis Y. et Diener E. (2004), « Unemployment
alters the set point for life satisfaction », *Psychological Science*, 15 (1), 8-13.

VIII. Clark A., Georgellis Y. et Sanfey P. (2001), « Scarring: The psychological
impact of past unemployment », *Economica*, 68, 221-241.

IX.   Knabe A. et Ratzel S. (2009), « Scarring or scaring? The psychological
impact of past unemployment and future unemployment risk », *Economica*,
78 (310), 283-293.

X.   Hetschko C., Knabe A. et Schöb R. (2014), « Changing identity: Retiring from unemployment », *The Economic Journal*, 124 (575), 149-166.

XI.   Powdthavee N. et Vernoit J. (2013), « Parental unemployment and
children's happiness: A longitudinal study of young people's well-being in
unemployed households », *Labour Economics*, 24, 253-263 ; Kind M. et Haisken-DeNew J. (2012), « Sons' unexpected long term scarring due to fathers'
unemployment », *Ruhr Economic Paper*, 375.

XII.   Stutzer A. et Lalive R. (2004), « The role of social work norms in job
searching and subjective well-being », *Journal of the European Economic Association*,
2 (4), 696-719 ; Clark A., Knabe A. et Rätzel S. (2010), « Boon or bane? Others'
unemployment, well-being and job security », *Labour Economics*, 17, 52-61.

XIII. Di Tella R., MacCulloch R. et Oswald A. (2001), « Preferences over inflation and unemployment: Evidence from surveys of happiness », *American Economic Review*, 91, 335-341.

XIV. Grün C., Hauser W. et Rhein T. (2010), « Is any job better than no job? Life satisfaction and re-employment », *Journal of Labour Research*, 31, 285-306.

XV. Wulfgramm M. (2011), « Can activating labour market policy offset the detrimental life satisfaction effect of unemployment? » *Socio-Economic Review*, 9, 477-501.

LEÇON N° 25 : CHERCHER SA VOCATION

I. Arvey R., Bouchard T., Segal N. et Abraham L. (1989), « Job satisfaction: Environmental and genetic components », *Journal of Applied Psychology*, 74, 187-192.

II. Judge T., Heller D. et Mount M. (2002), « Five-Factor model of personality and job satisfaction: A meta-analysis », *Journal of Applied Psychology,* 87, 530-541.

III. Schultz D. et Schultz S. (2010), *Psychology and Work Today*, Prentice Hall.

IV. Wrzesniewski A. (2003), « Finding positive meaning in work », in Cameron K., Dutton J. et Quinn R., *Positive Organizational Scholarship*, Berrett-Koehler.

V. Wrzesniewski A., McCauley C., Rozin P. et Schwartz B. (1997), « Jobs, careers, and callings: People's relations to their work », *Journal of Research in Personality*, 31, 21-33.

VI. Bunderson J. et Thompson J. (2009), « The call of the wild: Zookeepers, callings, and the double-edged sword of deeply meaningful work », *Administrative Science Quarterly*, 54, 32-57.

VII. Kahneman D. et Krueger A. (2006), « Developments in the measurement of subjective well-being », *Journal of Economic Perspectives*, 20 (1), 3-24.

VIII. Knabe A., Rätzel S., Schöb R. et Weimann J. (2010), « Dissatisfied with life but having a good day: time-use and well-being of the unemployed », *Economic Journal*, 120 (547), 867-889.

LEÇON N° 26 : CHOISIR SON TRAVAIL SELON LES BONS CRITÈRES

I.   Keenan A. et McBain G. (1979), « Effects of Type A behavior, intolerance of ambiguity and locus of control on the relationship or role stress and work-related outcomes », *Journal of Occupational Psychology*, 52, 277-285.

II.   Workman M. et Bommer W. (2004), « Redesigning computer call center work: A longitudinal field experiment », *Journal of Organizational Behavior*, 25, 317-337.

III.   Clark A. (2001), « What really matters in a job? Hedonic measurement using quit data », *Labour Economics*, 8 (2), 223-242.

IV.   Clark A. (2005), « What makes a good job? Evidence from OECD countries », in Bazen S., Lucifora C. et Salverda W., *Job Quality and Employer Behaviour*, Palgrave ; Huang X. et Van de Vliert E. (2004), « Job level and national culture as joint roots of job satisfaction », *Applied Psychology: An International Review*, 53, 329-348 ; Handel M. (2005), « Trends in perceived job quality, 1989 to 1998 », *Work and Occupations*, 32 (1), 66-94.

V.   Kahneman D., Krueger A., Schkade D., Schwarz N. et Stone A. (2004), « A survey method for characterizing daily life experience: The day reconstruction method », *Science*, 306 (5702), 1776-1780.

VI.   Rath T. et Harter J. (2010), Wellbeing: *The Five Essential Elements*, New York, Gallup Press.

LEÇON N° 27 : IGNORER LE SALAIRE DE SON VOISIN DE BUREAU

I.   Judge T., Piccolo, R., Podsakoff N., Shaw J. et Rich B. (2010), « The relationship between pay and job satisfaction: A meta-analysis of the literature », *Journal of Vocational Behavior*, 77, 157-167.

II.   Brown G., Gardner J., Oswald A. et Qian J. (2007), « Does wage rank affect employees' well-being? », *Industrial Relations*, 2008, 47 (3), 355-389.

III.   Card D., Mas A., Moretti E. et Saez E. (2012). « Inequality at work: the effect of peer salaries on job satisfaction », American Economic Review, 102 (6), 2981-3003.

LEÇON N° 28 : SONGER À SE METTRE À SON COMPTE

I.   Hamilton B. (2000), « Does entrepreneurship pay? An empirical analysis of the return to self-employment », *Journal of Political Economy*, 108 (3), 604-631.

© groupe Eyrolles

II. Hyytinen A. et Ruuskanen O. (2007), « Time use of the self-employed », *Kyklos*, 60 (1), 105-122.

III. Van Praag C. et Versloot P. (2007), « What is the value of entrepreneurship: A review of recent research », *Small Business Economics*, 29 (4), 351-382.

IV. Benz M. et Frey B. (2004), « Being independent raises happiness at work », *Swedish Economic Policy Review*, 11, 95-134 ; Bradley D. et Roberts J. (2004), « Self-employment and job satisfaction: Investigating the role of self-efficacy, depression, and seniority », *Journal of Small Business Management*, 42 (1), 37-58 ; Blanchflower D. et Oswald A. (1998), « What makes an entrepreneur? » *Journal of Labor Economics*, 16 (1), 26-60.

V. Millan J., Hessels J., Thurik R. et Aguado R. (2013), « Determinants of job satisfaction: A European comparison of self-employed and paid employees », *Small Business Economics*, 40 (3), 651-670.

VI. Block J. et Koellinger P. (2009), « I can't get no satisfaction: Necessity entrepreneurship and procedural utility », *Kyklos*, 62 (2), 191-209.

VII. Hundley G. (2001), « Why and when are the self-employed more satisfied with their work? » *Industrial Relations*, 40 (2), 293-317.

VIII. Millan *et al.* (2011), op. cit..

IX. Global Entrepreneurship Monitor 2013.

X. Andersson P. (2008), « Happiness and health: Well-being among the self-employed », *Journal of Socio-Economics*, 37 (1), 213-236.

XI. Blanchflower D., Oswald A. et Stutzer A. (2001), « Latent entrepreneurship across nations », *European Economic Review*, 45 (4-6), 680-691.

XII. Hanglberger D. et Merz J. (2011), « Are self-employed really happier than employees? An approach modelling adaptation and anticipation effects to self-employment and general job changes », *Discussion Paper*, n° 5629, IZA.

XIII. Millan *et al.* (2011), art. cit., voir note CXC.

LEÇON N° 29 : RÉFLÉCHIR À DEUX FOIS AVANT D'ÉMIGRER

I. Bartram D. (2011), « Economic migration and happiness: Comparing immigrants' and natives' happiness gains from income », *Social Indicators Research*, 103 (1), 57-76 ; Baltatescu S. (2007), « Central and Eastern Europeans migrants' subjective quality of life: A comparative study », *Journal of Identity and Migration Studies*, 1 (2), 67-81.

II.   Safi M. (2010), « Immigrants' life satisfaction in Europe: Between assimilation and discrimination », *European Sociological Review*, 26 (2), 159-176.

III.   Calvo R., Harttgen K. et Vollmer S. (2011), « Does money buy immigrants' happiness? A longitudinal perspective », *Working Paper*.

IV.   Wright K. (2010), « It's a limited kind of happiness: Barriers to achieving human well-being through international migration », *Bulletin of Latin American Research*, 29, 367-383.

V.   Bartram D. (2011), art. cit., voir note CXCIX.

VI.   Erlinghagen M. (2011), « Nowhere better than here? The subjective well-being of German emigrants and remigrants », *Comparative Population Studies*, 36 (4), 899-926.

VII.   Gelatt J. (2013), « Looking down or looking up: Status and subjective well-being among Asian and Latino immigrants in the US », *International Migration Review*, 47 (1), 39-75.

VIII.   Akay A., Bargain O. et Zimmermann K. (2013), « Home sweet home? Macroeconomic conditions in home countries and the well-being of migrants », *Working paper*.

IX.   Gokdemir O. et Dumludag D. (2012), « Life satisfaction among Turkish and Moroccan immigrants in the Netherlands: The role of absolute and relative income », *Social Indicators Research*, 106, 407-417.

X.   Senik C., « The French Unhappiness Puzzle. The cultural dimension of happiness », PSE WP, n° 2011-34.

Leçon n° 30 : Rester maître de son temps de travail

I.   Stepstone, Enquête sur le bonheur personnel et professionnel au travail en 2012.

II.   Enquêtes du Conference Board.

III.   Holly S. et Mohnen A. (2012), « Impact of working hours on work-life balance », *SOEP Papers*, n° 471, DIW Berlin.

IV.   Valcour M. (2007), « Work-based resources as moderators of the relationship between hours and satisfaction with work-family balance », *Journal of Applied Psychology*, 6, 1512-1523 ; Gash V., Mertens A. et Romeu G. (2010), « Women between part-time and full-time work: The influence of changing hours of work on happiness and life-satisfaction », *SOEP Papers*, n° 268, DIW Berlin.

V. Hanglberger D. (2010), « Arbeitszufriedenheit im internationalen Vergleich », *FFB-Diskussionpaper*, n° 86, Leuphana Universität Lüneburg.

VI. Booth A. et Van Ours J. (2008), « Job satisfaction and family happiness: The part-time work puzzle », *Economic Journal*, 118 (526), 77-99.

VII. Alvarez B. et Milles D. (2014), « Time allocation and subjective well-being: What makes working women happier? » *Working Paper*.

VIII. Hanglberger D. (2010), « Arbeitszufriedenheit und flexible Arbeitszeiten – Empirische Analyse mit Daten des Sozio-oekonomischen Panels », *SOEP Papers*, n° 304, DIW Berlin.

IX. Golden L., Henly J. et Lambert S. (2014), « Work schedule flexibility: A contributor to happiness? » *Journal of Social Research and Policy*.

X. Kahneman D. et Krueger A. (2006), « Developments in the measurement of subjective well-being », *Journal of Economic Perspectives*, 20 (1), 3-24.

XI. Holly et Mohnen (2012), art. cit., voir note CCX.

XII. Stutzer A. et Frey B. (2008), « Stress that doesn't pay: The commuting paradox », *Scandinavian Journal of Economics*, 110 (2), 339-366.

LEÇON N° 31 : GARDER DU TEMPS POUR DES LOISIRS RÉGULIERS

I. Ateca-Amestoy V., Serrano-del-Rosal R. et Vera-Toscano E. (2008), « The leisure experience », *The Journal of Socio-Economics*, 37 (1), 64-78 ; Neal J. et Sirgy M. (2004), « Measuring the effect of tourism services on travelers' quality of life: Further validation », *Social Indicators Research*, 69 (3), 243-277 ; Spiers A. et Walker G. (2009), « The effects of ethnicity and leisure satisfaction on happiness, peacefulness, and quality of life », *Leisure Sciences*, 31, 84-99.

II. Nanjiwn J. et Veenhoven R. (2011), « The effect of leisure activities on life satisfaction: The importance of holiday trips », *in* Brdar I., *The Human Pursuit of Well-Being: A Cultural Approach*, Springer Science.

III. Stalp M. (2007), *Quilting: The fabric of everyday life*, Berg ; Stebbins R. (1996), *The Barbershop Singer: Inside the Social World of a Musical Hobby*, University of Toronto Press ; Elkington S. (2006), « Exploring the Nature of pre and post flow in serious leisure », *in* Elkington S., Jones I. et Lawrence L., *Serious Leisure: Extensions and Applications*, LSA publication n° 95 ; Elkington S. (2008), « The need for theoretical originality when taking the flow of leisure seriously » *in* Gilchrist P. et Wheaton B., *Whatever Happened to the Leisure Society? Theory, Debate and Policy*, LSA publication n° 102.

IV.   Diener E., Ng W. et Tov W. (2008), « Balance in life and declining marginal utility of diverse resources », Applied Research in Quality of Life, 3, 277-291.

V.   Tay L. et Diener E. (2011), « Needs and subjective well-being around the world », Journal of Personality and Social Psychology, 101 (2), 354-365.

LEÇON N° 32 : DONNER DE SON TEMPS

I.   Hamermesh D. et Lee J. (2007), « Stressed out on four continents: Time crunch or Yuppie Kvetch? » The Review of Economics and Statistics, 89(2), 374-383 ; Ng W., Diener E., Arora R. et Harter L. (2009), « Affluence, feelings of stress, and well-being », Social Indicators Research, 94, 257-271.

II.   Aguiar M. et Hurst E. (2007), « Measuring trends in leisure: The allocation of time over five decades », The Quarterly Journal of Economics, 122 (3), 969-1006.

III.   Kasser T. et Sheldon K. (2009), « Time affluence as a path toward personal happiness and ethical business practice: Empirical evidence from four studies », Journal of Business Ethics, 84 (2), 243-255.

IV.   Eriksson L., Rice J. et Goodin R. (2007), « Temporal aspects of life satisfaction », Social Indicators Research, 80 (3), 511-533.

V.   DeVoe S. et Pfeffer J. (2011), « Time is tight: How higher economic value of time increases feelings of time pressure », Journal of Applied Psychology, 96, 665-676.

VI.   Zhong C. et DeVoe S. (2010), « You are how you eat: Fast food and impatience », Psychological Science, 21, 619-622.

VII.   Mogilner C., Chance Z. et Norton M. (2012), « Giving time gives you time », Psychological Science, 23, 1233-1238.

VIII.   Borgonovi F. (2008), « Doing well by doing good. The relationship between formal volunteering and self reported health and happiness », Social Science and Medicine, 66, 2321-2334 ; Thoits P. et Hewitt L. (2001), « Volunteer work and well-being », Journal of Health and Social Behavior, 42, 115-131.

IX.   Harris A. et Thoresen C. (2005), « Volunteering is associated with delayed mortality in older people: Analysis of the longitudinal study of ageing », Journal of Health Psychology, 10 (6), 739-752.

X.   Thoits et Hewitt (2001), op. cit.

XI.   Meier S. et Stutzer A. (2008), « Is volunteering rewarding in itself? » Economica, 75 (297), 39-59.

LEÇON N° 33 : SE PRÉPARER À LA RETRAITE

I.   Mangot M. (2012), *Les générations déshéritées*, Eyrolles.

II.   Qu L. et De Vaus D. (2015), « Life satisfaction across life course transitions », *Australian Family Trends*, n° 8.

III.   Afsa C. et Marcus V. (2008), « Le bonheur attend-il le nombre des années ? », *France, portrait social*, Insee.

IV.   Hetschko C., Knabe A. et Schöb R. (2014), « Changing identity: retiring from unemployment », *The Economic Journal*, 124 (575).

V.   Wang M. (2007), « Profiling Retirees in the Retirement Transition and Adjustment Process: Examining the Longitudinal Change Patterns of Retirees' Psychological Well-Being », *Journal of Applied Psychology*, 92 (2) ; Heybroeck L. (2011), « Life Satisfaction and Retirement: A Latent Growth Mixture Modelling Approach », *HILDA Survey 10th Anniversary Research Conference*.

VI.   Wang M. et Hesketh B. (2012), « Achieving well-being in retirement: recommendations from 20 years' research », *SIOP White Papers Series*.

VII.   Graham C. (2014), « Late-life work and well-being », *IZA World of Labor*, n° 107.

ON RÉCAPITULE

I.   Kesebir P. et Diener E. (2008), « In pursuit of happiness: Empirical answers to philosophical questions », *Perspectives on Psychological Science*, 3, 117-125.

II.   Mauss I., Tamir M., Anderson C. et Savino N. (2011), « Can seeking happiness make people unhappy? Paradoxical effects of valuing happiness », *Emotion*, 11, 807-815.

III.   *Ibid. ;* Schooler J., Ariely D. et Loewenstein G. (2003), « The pursuit and assessment of happiness can be self-defeating », *in* Brocas I. et Carrillo J., *The Psychology of Economic Decisions*, Oxford University Press.

IV.   Lyubomirsky S., Sheldon K. et Schkade D. (2005), « Pursuing happiness: The architecture of sustainable change », *Review of General Psychology,* 9, 111-131.

ANNEXE MÉTHODOLOGIQUE

I.   Ryff C. (1989), « Happiness is everything, or is it? Explorations on the meaning of psychological well-being », *Journal of Personality and Social Psychology*, 57 (6), 1069-1081.

II.   Kahneman D., Krueger A., Schkade D., Schwarz N. et Stone A. (2004), « A survey method for characterizing daily life experience: The day reconstruction method », *Science*, 306, 1776-1780.

III.   Costa P. et McCrae R. (1988), « From catalog to classification: Murray's needs and the five-factor model », *Journal of Personality and Social Psychology*, 55, 258-265.

IV.   Urry H. et al. (2004), « Making a life worth living: neural correlates of well-being », *Psychological Science*, 15, 367-372.

V.   Harker L. et Keltner D. (2001), « Expressions of positive emotion in women's college yearbook pictures and their relationship to personality and life outcomes across adulthood », *Journal of Personality and Social Psychology*, 80, 112-124.